リュウ・ブックス
アステ新書
RYU
BOOKS
ASTI

新版

取締役になれる人 部課長で終わる人 2

国友隆一

はじめに

最近、サラリーマンとして、出世をそれほど望まない若者が増えているという。

ところが、新人の時代を過ぎると変わってくる。人事異動の季節を何回か経験すると目の色が違ってくる。人間が生まれつき持っている「競争に勝ちたい」「自分のほうが優れていることを確認、証明したい」という気持ちに火がつくからだ。

実際、会社において人事に対する関心は高い。ふだんはいざ知らず、酒を飲んで本音で座が盛り上がるのは、人事を話題にする時ではないか。人事異動の時期になると、社内が異様なくらいの緊張感と、張り詰めた中での熱気に包まれる。それが、外見は平静を保った中で進行する。喜怒哀楽が交錯し、ぶつかり合う。

よく、世の中とか世間といういい方をする。それは、なぜか社外にあるようにイメージしていないか。しかし、実際は会社の中も、世の中や世間の一部なのだ。それがより凝縮されているといえるだろう。

橋田壽賀子が脚本を手がけたテレビドラマの『渡る世間は鬼ばかり』が超ロングランを続けたが、「世間」といえば、「渡る」が対句になるほど密接なイメージでつながっている。

では、取締役になるためには、社内という世間をどう渡ればいいのか。

最もすぐれた方法は渡ろうとしないことだ。社内にある世間の動きに一喜一憂したり、自分の行動を合わせたりしないことである。

「そんなこと、空理空論ではないか」、そう反発されるかもしれない。

だが、現実がそれを証明している。いま現に活躍しているリーダーや取締役、あるいは、知名度の高い経営者が生きた証《あかし》だ。

驚くべきことに上司に逆らったり進言した結果、出向や左遷をいい渡された経験を持つ例が少なくない。度量の大きい上司に恵まれて出向や左遷をまぬがれたとしても、「あいつは生意気だ」「とんがっている」と評されたりしている。

「出る杭は打たれる」という。これは、だから出ないほうがいい、という意味ではない。

だから、「打たれても、もっと出たほうがいい」という意味である。打たれても出続けると、ついには打たれなくなってくる。

もちろん、そこには一貫した姿勢がなければならない。会社も社会を構成する一員である。その社会に会社を通じて自分たちがつくり上げた価値を提供して、豊かな社会の実現に寄与する。最近ならエコという価値も重要になっている。

その実現のため、「志」を持って、「信念」を貫く。反対や抵抗にあっても、その「哲学」をカタチにするために粘り強く説得する。不遇に見舞われ、それが何年どころか、一〇年、二〇年と続いても耐えぬく。それも心の底から明るく過ごす。

取締役をはじめ、すぐれた経営者は共通して、「表情の造り」が大きい。これを、顔の造りが大きいことと誤解しないでもらいたい。「表情の動き」が大きいということだ。その人の感性や喜怒哀楽、思考の働きが、ほぼ一〇〇パーセント、志や信念、哲学と連動しているからである。

部課長で終わる人と取締役になる人を比べた場合、仕事における能力の差はさほどない。決定的に違うのは視野の広さや高さであり、人間的な幅の違いである。そういう意味で、本書はサラリーマンとしての人生をどう競《せ》り勝っていくか、ということをテーマにしているが、より本質的には人間論を展開しているといっていい。

取締役にふさわしい、表情の造りが大きい人間を目指すには、二〇代、三〇代、四〇代、五〇代と、その年代にふさわしい仕事の仕方を身につけ、実践することである。そういった点についても触れておいた。

なお、本書は、『新版　取締役になれる人　部課長で終わる人』（上之郷利昭著　経済界刊）を引き継いでまとめている。著者が二〇〇六年に逝去されたため、同じテーマで私が書き下ろしたものである。ただし、全体の構成や経営者の発言、歴史上の人物のエピソードなどで参考になる点は積極的に活用させてもらっている。彼岸でお会いしたら、「ありがとうございました」と謝意を表すつもりである。

二〇一〇年一月

国友隆一

【新版】取締役になれる人　部課長で終わる人　2／目次

第2章　トップはあなたのここを見ている
——抜擢されるか弾かれるか、そのポイントとは

第3章 取締役への道、その最後の決め手
——心身ともにタフでなければ務まらない

第4章 こんなに変わった！取締役に求められる人間性
――こんな取締役に人はついてくる

第5章 チャンスは裏切らない、自分が裏切るのだ
――不遇を好機と捉える逆転の発想

編集協力／もみじ社

第1章

取締役になれる人、部課長で終わる人

——新時代に「選ばれる男」はどこが違うのか

「取締役」と「部課長」、この大きな違い

■「昇進」ではなく「就任」するのが取締役

なぜだろう。取締役は「就任」するというのに対し、部課長は「昇進する」「昇格する」という。それが一般的だ。そのもっとも分かりやすい例が社長である。ふつう社長の場合、昇格するとはいわない。社長就任パーティを社長昇進（昇格）パーティと銘打って開催したらどうだろう。

社長、取締役をはじめ役員になることを就任するというのは、昇進すること以上に重要な意味がそこに含まれているからにほかならない。「就」という字には、「ものごとが成功する」という意味がある。格式も感じさせる。つまり、地位を昇るというより、成功というニュアンスが強くなる。サラリーマンは、取締役になって初めて成功すると見做《みな》されるということだ。

事実、取締役になると経営陣の一角に加わる。経営に参画する。れっきとした「経営

者」になるのだ。

よく社員に、「経営感覚を持て」とか、「経営数値に強くなれ」「経営者の視点を持って行動しろ」という。「全員経営」を掲げることもある。しかし、それはあくまで標榜《ひょうぼう》であり、空回りしてお題目になりがちだ。なんといっても、実質的には「宮仕え」だからである。

たとえ、課長であっても部長であっても、人事部に管理される「社員」にすぎない。中間管理職であっても使われる人間なのだ。課長レースにしろ部長レースにしろ、使われる側の競争なのだ。

そういった社員としての出世競争から抜け出すのが取締役の就任である。使われる側から使う側へ移行する。それは有能なサラリーマンとしての証明書のようなものだ。

経営者になるということは、大袈裟《おおげさ》にいえば、松下電器産業（現パナソニック）の創始者で「経営の神様」といわれた故松下幸之助や京セラ名誉会長の稲盛和夫、経営の再起を図った日本マクドナルド会長（兼社長兼CEO）の原田泳幸《えいこう》、戸口から戸口へを掲げ、クロネコヤマトの宅急便を構築したヤマト運輸の故小倉昌男といった人たちと同じ「経営者」の仲間入りをするということである。

もちろん、取締役への道は平坦ではない。回り道することもある。脛《すね》までつかるような泥道を歩かなくてはならないこともあるだろう。そこに至る門に辿《たど》り着いても、長く待たされることも少なくない。ましてや、バブル崩壊後、景気が低迷して、リーマン・ショックで不況の大波にのまれている時代なら、なおのことだ。

しかし、だからこそ「やり甲斐」があるといえる。また、そういったむずかしい状況になるほど燃えるようでないと、取締役にはなりにくい。

それだけの魅力を「取締役」という地位は備えている。

▒中間管理職との決定的な差はここにある

まず、待遇が大きく変わる。秘書がついたり、個室を与えられたり、専用車で送り迎えされたりする。会社によっては最上階に役員専用のフロアがあり、そのフロアで個室が与えられる。社員のオフィスと趣きがまったく異なる。絨毯《じゅうたん》一つとっても豪華だ（なぜか赤が多い）。靴底が沈むほどフカフカである。通勤電車で通う宮仕えの身に比べたら雲泥の差だ。

収入も桁《けた》が違ってくる。アメリカだと社員の何百倍の年収だったりするが、さすがにそこまではいかない。しかし、一〇倍前後という例は少なくない。二〇〇八年三月期でみると、日産自動車は社員の三六・七倍、ソニーで三〇・三倍である。同じ業界でも会社によって差がある。食品業界でいうと、キリンビールは役員一人平均六〇五〇万円で社員の約六倍、日清食品は二一八〇万円で約三倍である。さらに、退職慰労金も社員の退職金より多いことはいうまでもない。

それではあまりに不公平ではないか。部長より地位が一つ上がっただけで、なぜ、そんなに待遇に差が出るのか。

なぜだろう。社員の場合、賃金とか給与というのに対し、取締役は報酬《ほうしゅう》という。つまり、社員は働いた対価として賃金を得る。会社に雇《やと》われているサラリーマンなのだ。これに対し、取締役は会社から「経営のプロ」として戦略の立案、策定、実行などを委任されている。つまり、「会社と対等の関係」にある。だから、報酬という。法的にいえば、部課長といえども雇用契約であるのに対し、取締役は委任契約になる。

取締役は株主総会によって任免できる。任期は二年以内だ。その間、不正や反社会的な行為、会社に損害を及ぼす行為などがあれば別だが、本人が辞表を出さない限り解任させられることはない。

任期は二年以内といっても、通常は更新されてく。別な言い方をすれば、定年退職の対象から外れる。部課長だと、それまでどんなにすぐれた実績を残し、「どれだけ会社に貢献したことか」と自負しても、定年を迎えれば退職するしかない。あとは、嘱託《しょくたく》として残るなど、身の振り方を考えなければならない。

取締役には定年はないが、企業ごとに慣例があって、何期か務めると辞任することが多いようだ。もちろん、社長になるとより長く辣腕《らつわん》を振るうことが多くなる。会長として経営の第一線に立ち続けたりする。

最近は、取締役にも定年を設けている会社も出てきた。ただ、社員の定年より高いことはいうまでもない。そういう中で三洋電機は、社長を含め六五歳で定年という役員定年制を導入しているが、これは経営の再建という意味合いが強い。

社内における地位としての取締役は、株主総会で選ぶのに対し、常務以上は取締役会で決まる。取締役は代表取締役である社長を監視する権利と義務がある。かつては三越、最近でいえば、すかいらーく、アデランスなどがそうだ。辞任というカタチで解任されることもある。

取締役という名称はそこからきているが、現実では大きな権限を手に戦略を立案、策定、実行することにウエイトがかかっている。

それなら、取締役に応じてその役割をより明確にしようということで、アメリカで広く採用されている企業統治に基づいた役職と併用するところが増えてきた。CEO(最高経営責任者)、COO(最高執行責任者)がそうだ。わが国の場合、会長兼CEOとか社長兼CEO、あるいはCOOということが多い。ソニーのようにCOOを事業別に複数おくこともある。

取締役ならではの責任と魅力

経営に参画するということは、それだけ「責任」が重いということだ。従業員やその家族の将来を背負うといっても過言ではない。社長ならなおのことである。『アサヒスーパードライ』でアサヒビールを躍進させた元会長の樋口廣太郎は、

「業績が悪化して、どうしても人員整理をしなくてはならないような時、真っ先に切るべきは社員ではなく、社長本人の首だ。それくらい経営者の責任は重い」

という。

京セラの稲盛和夫や日本電産の永守重信もそうだ。会社がどんなに大変な時でもリス

トラに手を染めない。また、そういったアゲインストの風に備えて、ふだんから内部留保を心がけている。また、そういう仕組みをつくり上げてきた。

経営の方向性を最終的に決めるのは社長である。それだけ権力を握っているが、小さなミスが会社の将来を危うくしかねないというリスクも負っている。その恐怖感はすさまじいという。すぐれた経営者ほどそうだ。

孤独でもある。そのため、永守は年に一度は京都の八瀬にある九頭龍《くずりゅう》大社にお参りにいく。ただし、「助けて下さい」といったお祈りはしない。「今期も必ず最高益を更新します」といった決意を述べる。

当然、長時間、働く。永守は一月一日、お参りのために半日休むのを除き、年三六五日働いている。毎朝、六時五〇分には出社している。業績を堅調に伸ばす仕組みをつくった信越化学工業社長の金川《かながわ》千尋《ちひろ》は、毎朝七時一五分から七時半頃、出社している。邪魔が入らないため、一日で一番集中できるからだ。この時間帯はアメリカの夕方に当たり、現地の営業マンから次々と営業報告が入ってくる。その内容を分析し、すぐに直接指示を出す。

取締役も社長の決断に参画する以上、本来、社長と連帯して責任を負っている。現に、役員が社長と連帯して賠償責任を負うケースも出ている。株主訴訟の記事を目にしたことがあるはずだ。

よく、重役出勤といったりする。通常の始業より遅れる、というより無視して出勤する。昼前に出勤する。早めに帰る。

昔のようにのんびりしていた時代はともかく、現在のように「シビアな時代」には考えられない。万一、いたら、生きた化石といっていい。

ホンダでは青山ビルの一〇階全フロアが大部屋の役員室になっている。仕切りが一切ない。代表権のある取締役は別として、専用のデスクもない。個室でふんぞりかえっているというわけにはいかない。

とにかく、取締役は部課長レベルでは考えられないほど責任が大きく重圧もかかる。それでも、サラリーマンが取締役に魅力を感じるとすれば、それは大きな仕事ができる力を得るからである。大きな仕事をすればするほど、人間としての「自分の生きている価値」をより大きく、より深く確認できる。これは金や名誉やいろんな特典などでは代えることのできない魅力である。

サラリーマンは地位が高くなるほど、より大きく組織を使って仕事ができる。平社員より主任、係長、課長、部長になるほどそうだ。取締役になると、さらに仕事の規模や内容がグレードアップする。権限や裁量権が飛躍的に大きくなる。さらに、平《ひら》の取締役より常務、専務、副社長、社長と上に行くほど末広がりになるといっていい。上に行くほど広がるということで、「逆末広がり」というべきかもしれない。

「組織というのは高層ビルと同じ。上に行くほど見える範囲が広がって、最上階では富士山まで見える。視野が広がれば、そのぶん、大きな仕事もしたくなる」

と樋口廣太郎はいっているが、まさにそういえるだろう。

あなたは取締役になれるか

■つまらない仕事にも面白さを見出せるか

もし、「仕事がつまらない。やる気を出しているように見せているが、じつは、イヤイヤやっている」としたらどうだろう。「そんなことでは取締役を目指す資格なんかない」と断定すべきだろうか。

そんなことはない。人間ほど迷いの多い動物はいない。

問題はそこに安住し、満足しているかどうかである。いくら営業しても結果に結びつかないため憂鬱《ゆううつ》になり、営業へ出かける途中で仲間と遊びに行く。転職を考える。実際、転職する。来る日も来る日も事務の仕事でげんなりする。酒で不平や不満を紛《まぎ》らわす。

そういった体験をしながら、後に取締役になり社長にまで登りつめた例は結構ある。アサヒビール社長の荻田伍《おぎたひとし》は若い頃、いくら営業しても糠《ぬか》に釘で嫌気がさし、引き返したことがある。

いつまで経っても仕事がつまらない、と思っているのは仕事がつまらないのではない。いっている本人がつまらない人間なのだ。

IT業界の草分けとして知られるオービック社長兼会長の野田順弘《まさひろ》は、社員に対し、

「仕事は会社のためにやるのではない。自分のため、自分の能力や価値を高めるためにやるんだ」

と、常日頃から強調している。

野田は、「信汗不乱《しんかん》」という言葉を大切にしている。一所懸命流した汗を信じれば、心は乱れなくなり、道は開けるという意味だ。これは、大リーグ、マリナーズのイチロ

ーを育てた元野球監督、故仰木彬《おおぎあきら》から教わったという。

サラリーマンである以上、ふつう、仕事は上から指示される。それを押しつけられている、と感じていたら、いつまで経ってもその仕事は他人事でしかない。そういう被害者意識を持っている限り、腰を入れて本気で取り組めない。

与えられた仕事を受け取る段階で自分のこととして、立ち位置を切り換える。「当事者意識」を持つことだ。

THKはLMガイド（直線運動案内）で世界シェアナンバーワンを誇っている。LMガイドとは工作機械や産業用ロボットなどの基幹部品のことだ。社長の寺町彰博は、

「仕事は楽しいものではないが、楽しくすることはできるぞ」

と父親から教わった。幕末、長州藩で民兵を動員して奇兵隊を組織し、倒幕に弾みをつけた高杉晋作は、「面白きこともなき世を面白く」といっている。

「楽しくするためには、何事にも興味を持って見識を広げる努力が必要です。与えられた仕事を徹底的に研究し、積極的にチャレンジすることで、楽しくすることができます。また、自分で得意・不得意を決めつけず、可能性を狭めないことです」

そう寺町は述べている。

たとえば、損害保険ジャパン社長の佐藤正敏は、入社後、契約管理部門に配属され、一日何百件という書類に毎日、目を通していた。お客さまと会社が取り交わした申込書（契約書）の審査である。入社は七〇年代で、いまのようにコンピュータが活用されていない。契約金額や保険料に誤りはないか、適正か、一件一件、目で確認していたという。

その光景を端からイメージするだけでも、そんな仕事には関わりたくないなと思う。当初、佐藤もそうだった。だが、途中から思い直す。表面的でなく、もっと深く関わろうとした。常に適正か否か、誤りのあるなしを判断するにとどまらない。それ以上に、お客さまがどのようなリスクに備えようとされているのか、そういう不安に応えられるような、安心できる契約内容になっているのか。

「できるだけ、お客さまのことを思い浮かべながら、申込書を見るように心がけました。そうすると、単調な仕事が奥深い意味のあるものに思え、仕事が面白くなってきたんですね」

という。それを機に、どんな仕事に対しても、その仕事の意味や本質を考えるようになった。

■誰にも備わっている〝心〟という才能

キヤノン社長の内田恒二《つねじ》は大学四年の夏、キヤノンで実習した。なぜ、キヤノンなのか。精密機械メーカーだからである。それなら、工場にクーラーがついており、快適だろうと思った。一九六〇年中頃で、まだ、クーラーがめずらしかった時代である。

事実、工場にはクーラーがついていて、実習は快適だった。だが、入社して下丸子工場の技術課に配属されると、そこにはクーラーがなかった。クーラーはコンピュータの置いてあるところにしかなかったのだ。

「だまされた」と思った。それで、夏になると机の下に水を張ったバケツを置き、足を突っ込んで仕事をした。

もし、それで会社を恨み、根に持ち続けたら、取締役、さらには社長にはなれなかっただろう。

「会社のせい」「上司のせい」「他人のせい」「環境のせい」にしていたら、努力しない。努力するふりしかできない。それは誰にも備わっている才能を自分から放棄しているのと同じことだ。「心という才能」である。

ＴＨＫの寺町彰博は、ある著名人の講演会で「心の才能」という話に感銘を受けたという。人間は同じ環境、同じ条件を与えられても、心の持ち方しだいで前向きになることもできれば、後ろ向きになってしまうこともある。

ただ人間にはもともと、前向きになる心を与えられている。心の持ち方一つで大きく変わる。紙一重なのだ。私事だが、ある時、山梨県にある西沢渓谷の紅葉を見に行こうと思ったことがある。しかし、往復四時間かかるという。四時間歩くのはしんどい。それでなくても疲れ気味だった。どうしようか迷っていたら、女性社員から、「四時間も紅葉を楽しめると思えばいいじゃないですか」といわれ、ハッとした。それで出掛けてたっぷり紅葉を味わうことができた。

自分にとってマイナスであることも、心の才能を使うことでプラスにすることができる。この才能を使わないと心が錆《さ》びてくる。そうすると、ほかにどんなに優れた才能があっても伸ばせない。あるいは、挫折する。実践のチカラである程度までは行けても、取締役など遠い夢でしかない。

昆布の旨《うま》み成分がグルタミン酸であることを発見した池田菊苗《きくなえ》と共に『味の素』を開発し、世界に広めた鈴木三郎助は、

「人よりほんの少し多くの苦労、人よりほんの少し多くの努力で、その結果は大きく違

ってくる」

といっている。

そうか、少しだけ苦労し努力すればいいんだな。それを継続すればいいのだ。そう解釈していないか。

確かにそれでいい。ただ、人がどれくらい苦労しているのか、ということだ。結構、みんな苦労や努力をしているのだ。我慢し耐えてもいる。そういう人に比べて、「ほんの少し苦労」したり、「ほんの少し努力」することで結果が違ってくるという意味である。つまり、歯を喰いしばり必死になるくらいでなければいけない。少なくとも、一度や二度はそういう時期を経ないと取締役へは近づけない。

現役のセールスマンから執行役員に任命されたプルデンシャル生命保険の平石雅史《まさし》は次のようにいう。

「どんな仕事でもそうですが、本物になろうと思えば、寝食を忘れてひたすら没頭する時期が必要だと思いますね」

そこまでして取締役になりたくない。そういう姿勢は当たり前の反応である。叱責《しっせき》したり侮《あなど》るべきではない。

しかし、一つだけ伝えておきたい。そう思う人は、自分をつまらない人間にする道を歩いているのだ。努力や苦労はできれば避けたい、マイナスのものと位置づけていないか。そうではない。「努力や苦労は義務ではない。人間として成長する、より魅力的になれる権利」なのだ。努力や苦労はそこに至る唯一の道である。「楽ではないけれども楽しい」ものである。

努力や苦労を出し惜しみしてはならない。それは自分が行使すべき権利を出し惜しみしていることにほかならない。権利は大いに使うべきである。しかも、この権利の行使に制限はない。

■短所も使い方しだいで長所にできる

自分の性格もキチンと掴《つか》んでおく必要がある。人間の性格ほど多様なものはない。一人の人間の中でさえ多様である。ジキルとハイドはその極端な面を人格化したものだ。「あいつは単純」といわれる人でさえ多面性を持つ。単純といわれる面が際立っているに過ぎない。

性格を正確に把握することによって「長所」を活かすことができる。「短所」を使わないようにすることができる。短所を退化させられる。

その場合、何をもって長所、短所と位置づけているか。そこまで踏み込まなければならない。

たとえば、イトーヨーカ堂を創業した伊藤雅俊は、「石橋を叩いて渡る」「叩いても渡らない」「優柔不断」といわれた。それを熟慮するというプラス面に変えたのである。セブン-イレブンを始める時は最後まで決めかねた。そこで、タイムリミットの段階で、当時、イトーヨーカ堂の役員だった鈴木敏文に決定を委《ゆだ》ねた。ただし、万一、ダメになった場合の責任は引き受けている。自分の短所の面については決断力のある部下に任せたのだ。

また、イトーヨーカ堂を多店舗展開する際は、自分で決断も下している。熟慮することによって挑戦を成功させる確率を高めている。

もともと性格の長所、短所は使い方で変わる。たとえば、「決断力がある」といっても、適切でない決断をすることがある。逆に、「優柔不断」でも、それをうまく活かしてことを進めれば慎重ということになり、長所に変わる。

「大胆で勇気がある」という場合、難問に立ち向かう、リスクを恐れない、気負わない、という長所になる。しかし、使い方によっては無鉄砲、向こうみずになりかねない。一方で、「臆病者」であれば、引っ込み思案、小心、リスクを避けるという短所になる。しかし、使い方によっては、真面目、誠実といったプラスに転化できる。

稲盛和夫は、先天的に備わっている自分の性格を基本に、その反対の性格も後天的に身につけたほうがいいと奨《すす》めている。稲盛は幼い頃、一度、泣き出すと「和夫の三時間泣き」といわれるほどよく泣く、おとなしくてやさしい子だった。その性格をプラスに変えながら、積極的で大胆な面もつくり上げた。

実際、稲盛は横から見ると分厚い顎《あご》をしており、行動的な印象を受けるが、前から見ると学者のような風貌をしている。

若い頃は直情径行でかまわない。レナウンの社長だった松坂万丈《まひろ》は入社六年目の頃、上司に椅子を投げつけたことがある。もちろん、それなりの理由があってのことだ。

しかし、年齢を重ねてきたら、人間としての幅を広げることが欠かせない。一般的には相容れないといわれる性格を身につけることだ。

情熱的という場合、「心が熱い」「当事者意識が強い」「直情径行」「率直」「一本気」ということである。その面を強化しながら、「場当たり的」「感情過多」にならないようにする。一方で冷静さも身につける。「感情に流されない」「客観的に見る」「合理的に対処する」ようにし、「冷淡」「温かみに欠ける」「傍観的になりやすい」面を出さないようにする。それによって、情熱を持って仕事に向かいながら合理的に対処できるようになる。

■経験を浪費せず、貯蓄しているか

小賢《こざか》しく立ち回ろうとしていたら取締役になれない。自分は失格だと断を下したほうがいい。大きな壁が立ちはだかった時どうするか。それによってハッキリ分かる。

なぜ、失格か。それは人間として成長できる権利を放棄しているからである。チャレンジしていても、内心、イヤイヤやっていたら似たようなものだ。人間としてより魅力的になれる権利を小出しにしているからだ。

難問に立ち向かうのであれば、努力や苦労も並大抵ではない。ストレスもかかる。それでいながら、楽しむ気持ちも持っている。乗り越えた時の達成感を思うとそうなる。解決していこうとするそのプロセス自体、面白い。より魅力的な人間になれる権利を行使していることでもある。

トヨタ自動車会長の張富士夫は、男らしくとか、人間としてどう生きるかといったことを若い頃から考え、実行した。

「会社に入ってからも、敵に後ろを見せるのは卑怯なりといった感じで、みんながいやがるような仕事もやるものだから、いろいろな仕事が回ってきました」

という。そのため、「あいつの所に持っていけば何とかしてくれる、という雰囲気になって、次から次へややこしい話が入ってくるんです」という状況になった。

張は心という能力を大いに活かしたということだ。権利を行使したということだ。それによって、実務だけでなく人間的に大きく成長したに違いない。

いろいろなことに取り組めば失敗もする。武田薬品工業社長の長谷川閑史《やすちか》は、

「私は社内で、最も多くの失敗をした人間ではないかと思っています」

という。重要なことは、それを隠したり嘘をついたりしなかったことだ。失敗を最小限に食い止め、同じ失敗を繰り返さないよう努めたことでもある。

入社後は工場の勤労課に配属された。仕事は慣れないことだらけで、工場報に載せる写真の撮影でフィルムを入れ忘れたことさえあった。

元来、そそっかしい性格だというが、失敗から多くのことを学び、それ以上のあるい

は非常に大きな成功もしているはずだ。

テルモ会長の和地《わち》孝の言葉が心に滲みる。「人生にはたった一つの無駄もない。無駄になるのは経験から学ぼうとしないからである」

和地は銀行からテルモに転じ、経営難にあえいでいたテルモを優良企業に育て上げている。

旭化成の中興の祖といわれ、二四年間、社長を務めた故宮崎輝《かがやき》は、

「自分からこういう仕事をやりたいといってくる人は、取締役になれる資格がある人だ。それをやりとおせる人は、最も取締役になれる可能性がある。逆に一番駄目なのは、新しい仕事に反対ばかりしてチャレンジしない人である。そして、その仕事が失敗したら、それみたことかと批判するのは駄目男の典型である」

という。あなたはどのタイプだろう。

最も取締役になりやすいタイプは、当たり前のことだが、実績をつくっている。実績をつくるために創意工夫する。体も使うが頭も使う。知恵を絞る。

セブン-イレブンで、鈴木敏文がおにぎりや弁当を導入した時も、おでんを導入した時も、周りから反対され反発も受けたが、成果が出ることによって信頼を高めていく。

人望が高まる。

その時点ではマイナスと思われているようなことに対して、手を挙げて取り組む、解決する。失敗を人のせいにしない。隠したり嘘をついたりしない。誠意を持って対処する。部下を大切にする。真摯《しんし》に向き合い育てる。そしてなにより謙虚である。

それによって、実績ができ人望もできる。

この二つがあるほど取締役になる確率は高まる。

これからの「取締役」に求められる条件

枠に捉われずに仕事に立ち向かう

松下幸之助は、「企業の使命は、常に新しい商品を世に出すこと」といっている。新しい商品を世の中に出すということは、新しい幸せを世の中に送り出すことといっていい。

そのためには、これまでやってきたことを続けていてはダメだ。昨日と異なる今日ならではの仕事、その進め方、技術をつくり上げてこそ、つまり、「クリエイティブな仕事」をしてこそ、求める明日につなげることができる。松下幸之助は、

「経営者の先見性というものは、単に未来を予測するということだけでなく、むしろ、未来を創造していく点にある」

といっている。取締役になるにはそういう仕事をする。そこにアイデンティティー(存在意義)がある。樋口廣太郎はもっと強い言葉で、

「前例がないからやる」

といっている。アサヒビールの再建の際、モットーにしていた言葉である。

そのためには、その仕事に取り組む本人も現状に満足せず、自分を向上させていかなくてはならない。その向上心を持って夢を実践していく。その夢を描き実現していくのが「リーダーの条件だ」と、JR東日本会長の大塚陸毅《むつたけ》はいう。

大塚はその例としてまず、首都圏で導入した「スイカ(Suica)」をあげている。これはプリペイド式のICカード定期券で、旅客設備課長を中心にして、実現するまでに何と一〇年以上もの年月を費やした大プロジェクトだ。ノンタッチ(非接触型)のICカードだから、とにかく使いやすい。いまでは、私鉄やバスでも使える。駅ナカのショッ

ピングセンターや自販機、提携している小売チェーンなどでも利用できる。

ふつう、こういう新しいチャレンジを始めると、とかく大きな抵抗にあう。いくつもの壁にブチ当たる。それでも実現できたのは、定期券のＩＣ化という事業が大きな夢であり続けたからだと大塚は考えている。

時代に先駆け、大きな夢に向かって進んだという点で、坂本龍馬をあげるべきだろう。幕末、土佐藩出身の勤王の志士として活躍し、当時、犬猿の仲だった薩摩と長州を握手させ、薩長連合を成立させた立役者である。おりょうさんと鹿児島へ、わが国で初めて新婚旅行に行ったことでも知られている。小さな枠にはまらず茫洋《ぼうよう》としているが、内に大きなパッションを秘めているため、西郷隆盛だったか、師である勝海舟だったか、「雷を風呂敷で包んだような男」と評している。

大政奉還の筋書きも坂本が考えた。それによって徳川慶喜《よしのぶ》は江戸城を明け渡し、無血クーデターが成った。

そういう中で、西郷隆盛は坂本に新政府の閣僚名簿をつくるよう依頼する。その坂本がつくった名簿を見て、西郷は坂本に「あなたの名前がありませんが」と疑問を投げかけた。薩長連合や大政奉還を成立させた功績からして、坂本が当然、自分の名前も書き

入れると思っていたのだ。坂本は柱に寄りかかりながら、

「私は役人になろうと思ったことがないんです」

と、ごく自然にいったという。「では、何をやるんですか」と訊くと、「海援隊をやります」と答えたという。

龍馬は海援隊を拠点に世界に打って出ようとしていた。一歩先を見据えていたのである。当時、貿易拠点だった長崎で亀山社中をつくり、海援隊にしたのもその基礎づくりだったに違いない。龍馬の本質は、勤王でも佐幕でもない。世界を手に貿易をするためには、日本を一つにまとめて国づくりをする必要があったからだ。

調整型から強いリーダーの時代へ

ヨーロッパの笑い話だったと思うが、哲学者が星（理想）ばかり見ながらそこに近づこうと歩いていたら、足元の穴に気づかず落ちてしまったとか。石に躓《つまず》いて転んだのか。その点は曖昧だが、要するに夢を持ちそれを追うのであれば、「足元の現実」をキチンと見ることが必要である、という教えなのだろう。

坂本龍馬でいえば、貿易で世界に打って出たいという夢を実現するため、薩長連合や

無血クーデターを画策したといえる。藩という価値観、勤王、佐幕という枠を越えて活躍したから、爽やかですがすがしい印象を強く受ける。

その現実――企業でいえばマーケット――は、江戸時代のように長期的に停滞することもあれば、幕末のように大きく変動することもある。さらに停滞期といわれる江戸時代でさえ、くわしく見ると常に変動している。ましてや、現代のマーケットは変動が激しい。スピーディでもある。

技術革新、グローバル化など世界規模で変化が起きている。「守りの姿勢」ではとても生き残れない。アグレッシブに「攻めの姿勢」を貫くしかない。その結果、時代を捉え変化に乗っていける。

企業も「生き物」なのだ。変動する世の中に対応していくために、絶えず新陳代謝をしていく必要がある。そして、その新陳代謝が変化にうまく乗れば生き残り、乗り損ねれば滅びていく。そういう宿命を負っている。

取締役には攻めの姿勢で、その新陳代謝を進めていくことが求められる。

では、「どこをどう攻めるのか」、「いつ攻めるのか」、言葉でいうのは簡単だが、実行するのはむずかしい。それを自分の頭で考え、決断し、実行し、成功させるのが取締役の役目である。

テレビＣＭで、朝専用を謳《うた》った缶コーヒーを目にした時の印象は強烈だった。私は、直接関係ないのに「やられた」と思った。これがアサヒ飲料の「ワンダ」（モーニングショット）である。当時、同社は赤字続きだった。そこにアサヒビールから送り込まれたのが専務だった荻田伍である。

荻田は主力商品の缶コーヒーを立て直すことで、経営を立て直せるはずだと考える。ブランドのワンダの再生である。利益率も高い。着任以前から実施されていたマーケットリサーチを分析すると、時間帯別でみて、朝飲んでいる比率が四〇パーセント以上にも達していることが分かった。

そこで、昼や夕方飲まれなくていい、朝飲まれるコーヒーを開発できないかと考え、決断する。自分が荻田や取締役になったつもりで考えほしい。四〇パーセントのお客さまのために「六〇パーセントのマーケットを捨てる」のだ。

「単なる調整型」ではこうはいかなかっただろう。調整しているうちに妥協し、妥協しているうちに原型と似て非なるものに劣化しているだろう。「強い使命感を持ったリーダー」でないと実行できない。もちろん、周りを説得する必要もある。

赤字続きのため販促に使うコストは限られた。そこで、一点に集中した投資をする。これも大きな決断が必要だった。朝専用のワンダは、こういった大胆な絞り込みが効を奏して業績も回復する。

缶コーヒーというと男性が無糖や微糖のものを求め、甘いもの好きの女性は糖分の多い缶コーヒーを買う。そんなイメージが強い。

しかし、データをとってみると、男性が女性より糖分の多いものを求め、女性がヘルシーやダイエット志向で無糖や微糖のものを買っている。特に男性の場合、学生や建設現場の作業員、長距離トラックの運転手が疲れたカラダの糖分補給や気つけのために飲んでいる。女性は強まる健康志向の一環として飲んでいる。

派手さに勝る〝地道な努力〟の積み重ね

リーダーは常に仕事ができるだけでは十分とはいえない。世の中の動きを的確に捉え、その変化に合わせて仕事を進める仕組みを変え、軌道に乗せていくことが必要だ。

そのためには「情報の収集と分析」、それにクロスするカタチでの仮説・実行・検証を徹底しなければならない。ある企業で、消費税が七パーセント、一〇パーセントになったらマーケットはどう変わるか、経営企画部に任せきりにし、社長から質問された営業部長が、「経営企画に聞いてください」と答えた。その部長は有能と思われていたが、社長は関連の会社に出向させた。その出向先の社長は、「優秀な部長に来てもらえた」と喜んだものの、結局、元の会社では恵まれた環境の中で営業できたのに比べ、よくない環境下ではチカラを発揮できなかったのである。

そういう時、堀場製作所会長の堀場雅夫は、

「自分が悲劇のヒーローだと思ったら、それは敗北を意味する」

と指摘する。トリンプインターナショナル・ジャパンの経営を確たるものにした社長（現・吉越事務所代表）の吉越浩一郎は、

「ややこしいことは、そのままにしておいてはいけない」

といっている。これは人間関係を中心とした職場環境についていっているものだが、営業などの環境についてもいえる。

そういった環境を解きほぐすためには、地道な努力や小さな目配りなしには成しえない。派手に立ち回ったりスマートに仕事するだけでは、真のリーダーたりえない。

三井物産会長の槍田松瑩《うつだしょうえい》は、出向を含め国内外に十数回、転勤している。それで、

「派手な活動というより、どんな仕事も自分なりに工夫してコツコツと、前向きに取り組んできたという感じです」

という。オムロン社長の作田《さくた》久男も、

「私は他人と比べて、飛び抜けた能力のある人間ではありません。しかし、あきらめたり、納得できないことをそのままにはできません。だから、地道に努力を重ねて、一つひとつ解決するしかありませんでした」

と、述懐している。

一見、派手な行動に見えても、その実、地道な努力の裏づけがある。キメ細かい心配りをしている。だから、難問を解決できるのだ。手をつけられそうもない環境でもつくり変えていける。

派手に立ち回るタイプはある期間、ライバルに比べ速く昇進、昇格することが多い。しかし、長期的には頭打ちになりやすい。

他の人の目につかないようなシーンでもコツコツ仕事をする。腐らずに地道に仕事をする人間は、ゆっくりだとしても、着実に出世の階段を上がっていくのである。

裏方の仕事にもこれはいえる。古代中国の大帝国である漢の高祖《こうそ》になった劉邦《りゅうほう》には、天下取りを助けた三羽烏がいた。軍師の張良、勇将の韓信、そして兵站《へいたん》を司る蕭何《しょうか》である。現代でいえば、張良は企画室長、韓信は営業部長、蕭何は総務部長である。劉邦が皇帝の座につき論功行賞を行なった際、「最高の功績は蕭何にあり」とした。

蕭何は目に見える手柄をあげていない。ただ裏方で目立たないけれども、営業や企画の社員が存分に働けるよう職場環境を整えてきた。雑用をキチンとこなしてきた。

劉邦は五年間、項羽と戦ってきたが、連戦連敗だった。それでも白旗を掲げずに戦い続けてこれたのは、蕭何が後方から絶えず兵と食糧や物資を補給し続けてくれたからである。敗走しても、弱体化しても、繰り返し態勢を整えることができた。張良や韓信のように華々しい成果をあげていないが、彼らがそういった成果をあげることができたのは、裏方である蕭何が、コツコツとキメ細かく粘り強くバックアップしてきたからだ。最初は、劉邦の決定に不満をもらした張良や韓信も、改めて蕭何の貢献に気づき、受け入れたという。

■現代でも通用する運の強い人

トップは周りが思っている以上に孤独である。そのため、心のよりどころを求めることが多い。神頼みや信心もそうだ。そこまでいかなくても運を信じたりしている。「人事を尽くして天命を待つ」というが、その待っている間の天命を運といいかえてもいい。

経営の神様といわれる松下幸之助も、そういった運を信じていた。人事に対し、「人を採用するときは、学歴や家庭の事情は人事部に任せて調べてもらえばいい。君が見なければならないのは、その人の持っている運だ。面接のときは『あなたは運がよかったか』ということを聞きなさい。運の悪い人を採用すると会社の運も悪くする」といっている。

ましてや、取締役に運の悪い人を採用したらどうなるか。もちろん、経営のトップがおしなべて「運」を重視しているわけではない。ただ、これだけはいえる。出世する人は「運の強い人」が多いし、自分でも強運を意識しているものだ。

経営者として破天荒に生きた本田宗一郎は、子供の時から何度も危険な目にあいながら不思議に命拾いしてきた。川岸で鬼ごっこをして、杭の上を走っていたら足を踏み外し、みぞおちに杭が当たったという。それで気を失ったが元気を取り戻す。小学校で野球をやっていて攻撃中、前の打者がホームランを打った。バットを放り投げた際、そのバットが本田の胸に当たり、ひっくり返って意識を失う。この時も元気に回復した。

若い頃、自動車レースに出て、ゴール寸前で衝突してしまったこともある。車はひっくり返って大破し、本田は上へ投げ出され、下に落ちてから三、四回横転した。ふつうなら命を落としたり大怪我をしかねない。本田も肩の骨を折り手を折った。それで、手術の傷跡は残ったが、大事にいたっていない。さらに、飛行機事故に三度、あっている。一度は山中に落ち、本田遭難のニュースさえ流れたという。しかし、雑木林がクッションになって、どこにも怪我を負わないですんでいる。平気で立っていたら、駆けつけた報道陣が、「どこも何ともないんですか」と不満そうにしていたという。

「運が良くないと、何をやってもうまく行かないんです。私は運が良くて、まがりなりにも成功したけれど、かといって神様を信じているわけではない。困った時だけすがっているという不心得者で、本当なら天罰が当たってもおかしくないんだが、今日までどうにかやってこれたというのは、どういうわけか自分でもよく分からんね」

と、あっけらかんと語っている。

名参謀の藤沢武夫との出会いも幸運といっていい。モーターバイクの生産に乗り出す前、当時、竹島弘という重役がいた。戦争中、中島飛行機に勤めていた。その中島飛行機の納入業者の一人が藤沢である。

藤沢は敗戦後、疎開先である福島県を訪れぶらぶらしていたが、一九四九（昭和二四）年に上京、その際、市ヶ谷にある公衆トイレに入ったところ、まったくの偶然で、竹島と出会う。それで暫く立ち話をしているうちに、本社のある浜松にきて（面白い）社長に会ってみないかと誘う。これがキッカケになって、本田と藤沢は終世、名コンビぶりを発揮した。これも「強運」といっていい。

セコムを創業した最高顧問の飯田亮《まこと》は、若い頃からパチンコをやると連戦連勝で、「自分には運がある」と周りに話していたという。後に共同経営者となる戸田寿一《じゅいち》はそれに着目した。ただ、気になることがあって、「君は自分で運がいいといっているけど、パチンコなんかで、せっかくの運をすり減らすのは、もったいないじゃないか」と聞いたところ、次のように答える。

「いや、運というものは、使えば使うほど増えていくんだよ」

それを聞いて戸田は、「何か仕事をするのであれば、この男と組む以外にない」と確信する。一九六二（昭和三七）年、日本初の警備保障会社を共同で設立、苦労しながら地道に滲透《しんとう》を図り、やがて大きく成長させ、今日に至っている。

よく、「運も実力のうち」という。「運」もその人に備わった「勢い」といえる。そうであるなら、その「運」を逃がさないよう、常に「勢い」を失わないような生き方をすべきだ。運は使えば使うほど増えてくる。運は待つものではない。掴みに行った者に寄ってくる。

大事なのはより高いレベルへの挑戦

本当は責任を避けていないか

人間は誤解する動物だという。一日二四時間、一年三六五日、生まれてから逝《い》くまで（一身同体である）自分についてさえ誤解している。夫婦は誤解によって成り立っているというが、そこまでは悲観的になれない。

よく、リーダーたるもの責任感を持て、権限のあるところに責任あり、権限が大きくなると責任も大きくなる、といわれる。

そこで、もっと責任感を持たなければと決意する。自分を奮《ふる》い立たせる。しかし、「オレは基本的に責任感がある」という思いが前提になっていないか。もっと責任感を持とうというのは、今後についての漠とした思いであるのに対し、現在の自分については責任感があると肯定していないか。その結果、仕事に対する取り組み方はさほど変わらず、もっと責任感を持とうという決意は、時間が経つにしたがって薄れる。

ところが、多くの試練を乗り越え、また、そういう体験をしてきた人物にしょっちゅう会っているトップからすると、とても責任感があるように思えない。だから、「取締役候補」に入れない。

なぜ、そういうギャップが生じるのか。それは、責任感のあるなしの基準が食い違っているからだ。とかく本人はこれまでの仕事のやり方を基準にして判断する。周りもそうだ。営業目標を設定し、責任を持って追求する。部下を営業に駆り立てる。いま主流である、ほめてやる気を起こさせる手法を使って育てる。「ちゃんと責任を果たしているではないか」「仮に目標達成できなくても、それは景気が低迷しているせいでしょうがない」とか「人もそれなりに育っている」、「責任を果たしている」と自問自答する。

基準が根本的に違っているのだ。積水ハウス会長兼CEOの和田勇《いさみ》は次のようにいっている。

「積水ハウスは開発事業においても、いい環境を創造する、いい街を育てるという長期的な視点を大切にしています。いってみれば、お客様に対しても、社会にも、『未来責任』を持つということです」

「未来責任」を持つのはリーダーとて同じだ。会社の発展に責任を持つ。世の中の変化に対応するため仕事の進め方をつくり変える。仕組みをつくる。情報を収集、分析する。そのためのネットワークを構築する。部下の将来のために本気でぶつかっていく。自分のふがいなさに腹を立てるのと同じ気持ちで腹を立て叱る。自分に対しても真剣に向き合う。

嫌な情報にも耳を塞《ふさ》がない。むしろ積極的に聞くようにする。

マイクロソフトを創業しグローバル企業に育て上げ、世界ナンバーワンの富豪に登りつめたビル・ゲイツは、

「悪い知らせは、早く知らされなければならない」

といっている。

「リスクを負わないのがリスク」

そうもいっている。非常に含蓄《がんちく》のある噛みしめがいのある深い言葉ではないか。

将来に責任を負うのであれば「変革することが絶対条件」であり、そのためにはむず

かしいことに「挑戦」することは避けられない。

挑戦にはリスクが伴う。そのリスクを負いつつ無謀な挑戦にならないようキチンと布石を打っておく。必要なら叱られるのを覚悟してでも上司に進言する。「それで疎《うと》んじられたら先がない」と考えたら、あなたの将来がなくなる。そこで疎んじられても見てくれている人がいるものだ。「もし、失敗して責任をとらされたら、自分から、自分の首を締めるよう申し出たも同然だ」、そう考えて進言をやめたら、利口に生きることはできる。しかし、人間として進歩し、リーダーに育つチャンスを自分でつぶしている。

挑戦してうまくいかないより、うまくいったほうがいい。しかし、うまくいかない場合、どう向き合うかが問われている。

「反省する時は、死ぬほどの気持ちで反省する。『しまった』くらいの軽い気持ちでは、同じ失敗を繰り返す」

ワタミグループ創業者の渡邊美樹は、自らの体験にのっとって述べている。

■見かけ以上にストレスに弱くないか

部課長クラスになると押し出しがよくて、胆力も感じさせる人物を見かける。ところが、実はストレスに弱かったりする。特に最近はそうだ。ストレスに弱いタイプが増えている。

もともとストレスに弱いこともあるだろうが、以前に比べてストレスに敏感になっていはしないか。神経が活発に働いている以上、ストレスがあって当たり前である。むしろ、それは感覚が敏感な証拠ではないか。

ところが、ストレス悪者論が跋扈《ばっこ》し、家庭にも学校にも、ついには会社にも侵入している。そのため、できるだけストレスを与えないように、避けるようになり、ますますストレスに弱くなってきている。

そんなことでは取締役になれない。部課長にだってなれないかもしれない。人間はストレスに耐えられるようにできている。その資質を伸ばし、確固たるものにするには経験を積むことだ。この経験は行動と同義語といっていい。

二〇〇八年に公開されたアメリカのコメディ映画『イエスマン』（ジム・キャリー主演）を例にあげて、脳科学者の茂木健一郎は、行動することの大切さを強調している。「考えるよりまず行動せよ」という。

「自分で考えて問題を解くというアプローチの最大の欠点は、そこに他人や世間がいないことです。行動することは考えることよりも必ず多くの要素を含んでいて、考えているだけでは解決しないような問題が行動すると解決したり、そもそも問題でなくなったりします」

確かにクヨクヨ悩む人ほど行動していない。一歩足を踏み出すこと、それを（実際は平坦な道なのに）断崖絶壁に立ち、後ろから強い風が吹いているように感じてしまいかねない。

最近は無菌状態で育ってきているだけに、なおそうだ。大人になっても、保育器の中にいるようなものではないか。実際の社会は、積水ハウスの和田勇がいうように雑菌だらけである。日産をV字回復に導いたカルロス・ゴーンも、経験の大切さを説いている。

「人間は感情が高まった時ほど、その時の出来事を強く覚えています。だからこそ経験が大切なのです。人間は何かを経験する時、大抵、感情の高まりを伴います。しかし、教科書を読んでいるだけでは、感情は高まらないでしょう」

人間が成長するには学習が必要であり、学習するには記憶することが必須で、その記憶は強く感動したり恐怖を覚えるなど感情が昂《たか》ぶった時だと指摘する。

「直面する状況や課題が厳しければ厳しいほど、感情がより高まり、その結果、多くを学べます」

という。それによってストレスに耐えるチカラもつく。自信が出るぶん、ストレスの感じ方も弱まる。

実際に重圧を感じた時、どう解消するか。その方法も問題だ。「仕事がうまくいかないからといって、飲みに行っても、ストレスは解消しない。しかし、『もう一回あの書類を見直そう』と考えれば、問題は解決し、翌日にはストレスは消えている」

日本電産の永守重信は、実践的なストレス解消法を教えてくれている。

■部下をしっかり使って育てる

経験を積むということは「プロ」になるということだ。「よりベテランのプロを目指す」ということでもある。

自分はそうなっている、そうなってきていると評価できたら、リーダーの資格ありといえる。ただ、気をつけるべきは、一方で感性が鈍っていないかということだ。知らず知らずのうちに井の中の蛙《かわず》になり満足に浸っていないか。それどころか、井の中に棲《す》むことによって鯨の気分になり、大海原《おおうなばら》気取りで井の中を泳いでいないか。

伊勢丹新宿店のベテラン社員は入社時、上司から、

「初々《ういうい》しいベテランを目指しなさい」

と教えられたという。それを肝に銘じて仕事をしてきた。

これは「初心忘るべからず」「原点に帰る」という意味であることは周知の事実である。しかし、そういった心がまえだけを説いたものではないはずだ。ベテランになっても現状に満足せず、常により高いレベルを目指すべきである。現状より高いレベルに関しては、ベテランといえども未知の領域である。

つまり、その新しい領域については新人である。新人であるため自然に初々しくなる。そういう仕事への取り組み方まで踏み込んだ言葉ではないか。少なくともそう考えるべきだ。

それによって停滞することなく、「ベテラン」かつ「新人」(進人)であることができる。未知なる領域に対し畏《おそ》れを抱くこともあり、自分を新人とも見るため、自然に謙虚になる。

一般に取締役に傲慢な人より謙虚な人が多いのは、こういった姿勢と無縁ではない。

だからこそ、仕事を進める技術は高度化しながら、感性は初々しさを保っている。その初々しい感情がお客さまのニーズを敏感に捉えたり、問題を解決する糸口を見つけたりすることにつながる。

いまやJRでも私鉄でも自動改札機は当たり前だが、その大半はオムロンがつくったものだ。もちろん、世界で最初に手がけている。

その開発は困難を極めた。お客は切符を縦横、表裏に関係なく入れる。「縦で、上が右に来るようにして、表を出して入れて下さい」といったらどうだろう。入れるまでに時間がかかってしまう。行列ができかねない。間違った入れ方をするたびに機械が止まってしまったら、実用性に乏しくなる。

だから、どんな入れ方をしても対応できる機能を備えることが不可欠で、関係者は苦闘を続けた。それを解決したのが釣り好きの技術者である。休日に釣りをしていて、川を流れる木の葉が石に当たって方向転換するのを見て閃《ひらめ》いたのだ。感性が鋭く研《と》ぎ澄まされていたからこそ、アイデアが浮かんだといえる。

ファンケルを創業した池森賢二はガス会社に勤めた後、脱サラしてボランタリーチェーンを興すが失敗、多額の負債を抱える。苦労して大半の負債を返却するが、個人の負債が二四〇〇万円残った。その負債を返すため、兄が経営するクリーニング店に入り注文取りの外交員になった。いろいろ工夫して注文を取るようになったが、高層住宅が密集する地域を担当、共働きの家庭が多く、夜にならないと注文が取れない。

そこで、洗濯物のある家はドアノブにプラスチックの目印の札を下げてもらうようにしたという。また、受け取って二日後に戻すようにした。それによって重宝され、外交員の月収が月一五万円くらいの時にもかかわらず、入って数ヵ月後に月二〇〇万～三〇〇万円の収入を得るようになった。

八〇年に化粧品の個人事業を始め、翌年、ファンケル化粧品を設立したが、この化粧品（無添加）を扱うようになったのは、主婦との会話の中で、化粧品による肌のトラブルに悩む女性が非常に多いことに着目したからである。奥さんから同じ悩みを聞いていた池森は、その悩みを解決するため立ち上がる。これも、感性が鋭いからニーズをキャッチできたのである。ふつう耳に届いても心を素通りさせてしまう。

そういった感性を失わないためにも、それまで以上のレベルを目指し、未知の領域に踏み込んでいく。その際、部下にも積極的に仕事を任せるべきだ。部下にも未知の領域への挑戦をさせる。

野村ホールディングスには、「キープ・ヤング」という社風がある。前執行役社長兼CEOの古賀信行（現・野村證券会長）は、この社風について、

「若い人にどんどん権限を委託し、経験に関係なく責任ある仕事を任せます。私も若い頃からずいぶんやらせてもらいました。プレッシャーは大きいし大変でしたが、とても充実感がありました」

と述べている。どんどん経験させることによって自信になり、未来に起点をおく責任感も出てくる。

そのためには、ただ部下を束ねるだけではダメだ。使って育てるのが上司の役目である。それで感性が磨かれ知恵もついてくる。感性が鋭いと頭の働きも鋭くなる。感性が豊かだと頭の働きも豊かになる。これは逆にもいえる。

第2章

トップはあなたのここを見ている

——抜擢されるか弾かれるか、そのポイントとは

候補者選びはいつから始まるのか

■目配りは二〇代から始まっている

四一歳の課長が「取締役」になる。一〇年ほど前、マツダのジェームズ・E・ミラー社長（当時）が抜擢し話題になったことがある。それがニュースになるほどめずらしいということだ。最近では、レナウンで経営企画部長だった北畑稔が四七歳で社長に就任している。経営再建中という事情があるにせよ、異例といっていい。

少なくとも我が国では、部長が取締役選抜の対象になる。それが一般的だ。世間のイメージでいえば五〇歳前後、あるいは、五〇代が中心ではないか。

その年代になると取締役の年代ともダブッてくる。つまり、片や取締役になっているのに一方は部課長ということで、それは、取締役になれる人間はもっと早くから幹部候補として目をつけられているということである。ソニーの故盛田昭夫は、

「三〇歳代後半から見ている」

という。それくらいの年代になると、頭角を表わす人とそうでない人の差が顕著になると指摘する。伸びる人と伸びない人の差は、役員になる年齢になるにしたがって、よりハッキリしてくるともいう。「いい人」は生き生きしてくるのに対し、「ダメな人」は急に年寄りじみてくる。

アメリカでは、入社四年目くらいから将来の幹部候補を選択するという。我が国でも取締役が若返ってきたといっても、そこまではいかない。

ただ、『プレジデント』誌などによれば、数千人の社員を抱える大企業でも、課長以上に二〇代の社員を対象に将来の幹部候補をピックアップさせると、数人程度に集中するという。推薦がバラけないということは、暗黙のうちに、案外、早くから人選が絞られているということだ。

もちろん、潜在能力に過ぎない。素性の良い「青田」に過ぎない。それがしっかり育ってたわわに稲穂を実らせるかどうか、経営トップが判断しようとすれば、盛田がいうように三〇代後半になるのは必然のことかもしれない。

実際、候補生を選別する時期として、大企業の若手取締役（四〇代）のうち、三割近くが「三〇歳代前半」、最も多い四割ほどが「三〇代後半」を最適と考えているという。

そうはいっても、サラリーマンの人生は入社した時から始まる。そういう意味からいえば、「取締役への道」は新入社員の時から始まっている。それこそ、横一線で一団となってスタートするのだ。

その中でどうすれば「集団から抜け出せる」のか。それは、「年代に合った仕事の仕方」というものがあるので、それに見合った仕事の取り組みを心がけることである。そうすれば、幹部候補の絞り込み、取締役の選抜という段階で対象者になることができる。社長が意識してあなたの仕事ぶりを見つめるようになる。

伊藤忠商事にはVSOPという教えがある。

V（バイタリティ）　二〇代
S（スペシャリティ）三〇代
O（オリジナリティ）四〇代
P（パーソナリティ）五〇代

「二〇代」はがむしゃらに仕事をする。「三〇代」は専門性を身につける。「四〇代」は、オリジナリティも兼ね備える。「五〇代」は人間性を大きくする。「披露宴の挨拶などで何遍も聞かされていた」そうだ。伊藤忠に勤めた後、家業を継ぐため森精機製作所に入り社長になった森雅彦の回想である。

難局に直面していた伊藤忠商事を社長として再び軌道に乗せた丹羽宇一郎会長は、「三〇代前半」までの最初の一〇年間は、アリのように泥まみれになって働くことが大切だと指摘する。「四〇代前半」までの次の一〇年間は、「日本一、いや、世界一になるつもりで、徹底して勉強することだ」と専門性を身につけるよう奨めている。「より重要なのは四〇代前半からの次の一〇年間だろう。中枢を担うためのマネジメント力が問われるからだ」といっている。実際、丹羽自身がそうしてきた。

■〝魔の一五年間〟の乗り切り方

入社した時点から年代に応じた仕事をしないと、三〇代、四〇代になって、社長に幹部候補の一員としてあがっていかない。社長の目から落ちこぼれてしまう。

二〇代では、先輩や上司がいて、その指示に従って一所懸命、仕事に邁進《まいしん》するしかない。しかし、これを単なる従順と思ってはならない。社会性や会社の理念に照らして納得できなければ異を唱えるくらいの「骨のある人間」でなければならない。それが前提だ。トップになる人は、意外なほどそういう傾向が強い。「正義感」や「筋を通す」ことにこだわっている。

そのためには何をよしとし、何をよしとしないか、その基準を持っていなければならない。丸紅社長の朝田照男も、

「入社して三年から五年目、年齢でいえば三〇歳くらいまでが勝負の時期です。この間にどれだけ仕事に手応えを感じ、自分なりの仕事哲学を打ち立てられるかで、その後の仕事人生が決まるのです」

といっている。企業自体、従順であるとか使いやすいというより、芯《しん》を持って生きている、あるいは、生きようとする人間を求めている。先輩や上司からは生意気と思われるくらいのほうが、その後、伸びている。それは、性格が生意気ということではない。仕事に熱心で納得できる仕事を追求する結果として、そう見えるということだ。両者は似て非なるものである。青臭いといわれようが気にしない。気にはしても何を優先すべきか過《あやま》たない。

「私なんかも入った頃は生意気でした。もっと違うやり方がある、こっちをやったほうがいい――などと入る前から思っていたものですから」

ホンダ（本田技研工業）前社長の福井威夫《たけお》は振り返る。学生時代、自動車部でエンジ

ンの組み直しをしたり、卒論で排ガスの発生メカニズムを最先端の計測器を使って研究したりしていたからだ。ただし、レースチームに入った途端、その鼻はへし折られたという。

花王でバブを開発したり化粧品を手がけたりして、現在の礎《いしずえ》を築いた故丸田芳郎は、重役に「あいつの首は斬ったほうがいい」といわるほど問題社員だった。研究者にありがちなタイプというか、人との付き合いが苦手で、重役に挨拶しても無視されたため丸田も反《そ》り返るようにしたという。そのため上司に注意された。上司の評価も低く、それは昇給やボーナスに反映された。それでも、上に合わせようとする気はなく、入社したその日からテーマを持って研究に打ち込んだ。

「会社に入ると、仲間やライバル企業との競争とか、上によく思われたいとか考える人が多いけど、そんなことはサラリーマン人生にとって、実に小さいことです」

それより、消費者であるお客さまにとって一番いいものは何かを考え、提供するほうが重要であるという。それによって支持してもらえるし、クリエイティブな能力も身につく。それで最終的には適正な評価を受ける。

研究者という面もあるだろうが、「一貫した信念」を持って仕事をすることこそ最も重要であるという、生きた教材といえよう。

三〇代になると主任、係長といった中間管理職の第一歩を踏み出す。部下も少なく権限も小さいが、組織の中で初めて人を使う立場になる。つまり、サラリーマンとして初めてリーダーとしての人生が始まる。三〇代前半でこういった中間管理職の見習い期間を経て、能力、実績ともにすぐれている者が「課長」として中間管理職の第一線に立つ。

この時期は、リーダー候補が熾烈《しれつ》なレースを展開して鎬《しのぎ》を削っている第一コーナーといえる。そして、課長から部長へと、さらに絞り込まれていく。

経営コンサルタントや評論家として活躍する大前研一は、サラリーマンの三五歳から五〇歳までを「魔の一五年」と呼んでいる。この一五年で課長、部長、取締役と出世していく者とそうでない者とが分かれていくからだ。三〇代後半からの一五年が最も重要な時期といえよう。

■利を追うよりも「社徳」を高める

先輩や上司に対する態度はともかくとして、仕事に対する取り組みでは、その仕事に関係する人たちを人間として尊重することが重要である。消費者のニーズを基軸にして、その価値基準をもとに、取引先や上司、部下にとってプラスになるよう工夫する。誰かの犠牲の上に立って利益を得るような真似をしない。そういう仕組みになっていたら、その仕組みを変える。それによって、消費者、小売、卸、メーカーがスマイル、スマイル、スマイル、スマイルになるようにする。

そうなるように持っていくには時間がかかるだろうが、諦めずに粘り強く、根気よく実現していく。

オリンパスは、かつて、サウジアラビアにあった三つの代理店を一つに絞る方針を出した。そのため、現社長の菊川剛《つよし》が出張して説明に当たる。その時、代理店から外れてもらうことになった社長が怒って、ナイフを机に突き刺し脅してきたという。しかし、屈せずに将来の視点に立って、小売店になるメリットを必死で説明した。「相手のプライドを尊重して、最後には納得してもらいました。『至誠、天に通ず』だと実感しました」という。

いずれにしても、上に行くほど実績が求められる。実務能力や技術力がなければ、どんなにきれいごとを並べても絵空事として片づけられ、本流から外れていく。

事実、課長や部長になる人は仕事のできるタイプが多い。見るからに切れ者だったり、どこから見てもやり手そうだったりする。

そのため、そういうタイプが最も取締役に近いと思われがちだが、意外とそうでもない。あるいは、取締役になっても、その後、頭打ちになったりする。本人もその気になり、家族も期待する。部下や同僚も羨望の眼差《まなざし》を先取りし、また、甘い言葉を囁《ささや》く。ところが、フタを開けてみたら、同僚や後輩に遅れをとったというケースもなくはない。

理由は大きくいって三つある。一つは人間的な温かさや厳しさであり、大きさや深みが問われるということだ。二つには、ゼネラリストとしての視点をどれくらい持っているかということである。もう一つは、自分を客観的に評価・分析し、キチンと対応できるかということである。楽天会長兼社長の三木谷浩史は、

「会社経営では、自分自身を第三者として自己分析できるとか、自己否定できることが、結構、重要になる」

といっている。これは極めて重要である。それによって、成功した事業や仕事の取り組み方を、時代の動きに合わせて変えていくことができるからである。

ゼネラリストであるということは、広い視点で、ものごとに接することができるということである。ただし、一方で、誰にも負けないといった専門分野を持たなければなら

ない。それをクリアしたうえでのゼネラリストということだ。それでいながら、ゼネラリストという点でもすぐれている。他の部課長より秀でているだけではない。専門分野に精通している以上に、ゼネラリストの面のウエイトが大きくなっていることが求められてくる。

そして、行きつくところは人間性である。取締役は経営者として経営方針を決定、実行する。また、会社の代表格、顔として同じ業界はもちろん、関連する業界の中枢の人物に会う。そのため、取締役の人間性が会社のイメージになっていく。

ＳＢＩホールディングスＣＥＯの北尾吉孝は、

「企業経営において重要なことは、まず、社会性を認識する。次に社会的信用を徐々に得ていく。そして最終的には、『社徳』を高めるということである。そのための努力をしてこそ、その企業は本物と認められのである」

と、強い調子で指摘している。

利を追うことを最優先していると信頼が失われる。ついには、産地や食材の偽装に手を出しかねない。それが恒常化することさえある。

■〝負けず嫌い〟を推進力にしているか

上司に楯ついたり、生意気な態度をとったり、若僧の分際《ぶんざい》で「こういう仕事をやらせてほしい」と直談判しながらリーダーとして頭角を表していくような人は、時間やカネを惜しまず、自分が成長するために投資している。

みずほフィナンシャルグループ会長の前田晃伸《てるのぶ》もその一人だ。学生時代から歯に衣きせぬ直言ぶりにあきれた級友から、「銀行で三年持てばいいほう」と予言されたほどである。実際、入行してから上司の言うことを聞かず、反発を食らったが、自分の頭で考え、悩み、工夫してきた。それでいて、お札の勘定や算盤《そろばん》は苦手ときている。

「だけど練習しましたよ。負けねえぞってね。そしたらお札の勘定も算盤も速くなるんだね」

周りからは、下手なわりに高い黒檀《こくたん》の算盤買ってきた、と冷やかされたという。その算盤はいまでも机の引き出しに入れてある。初心忘れずのためである。

住友銀行（現三井住友銀行）の常務から明電舎へ移り社長になった片岡啓治も若い頃、生意気だった口である。学生時代の感覚で上司に議論をふっかけたりした。

そのせいもあるのかどうか、一〇年目にしてようやく本店勤務になる。そこに行って驚いた。若い人が多いのに皆、頭がよくて仕事もできる。そこで一念発起し、審査業務に必要な金融の法律知識などを基礎から始めて専門分野まで幅広く習得したという。

旭化成の蛭田《ひるた》史郎社長は入社一年目で課長に企画書を提示し、「こういうことをやらせてほしい。そのための予算を○○ほどくれ。人を○人、預けてくれ」と申し出た。それは却下されたし、自分もその上司と同じ立場だったら却下しただろうが、それでも、頭で思っているよりやってみたほうがいいという。

入社二年後には「製造をやらせてくれ」と、また、手を挙げた。当時、フランスから導入したナイロン66（ポリアミド66）を手がけたかったからである。

OKが出たのはいいが、資料はすべてフランス語で理解不能。大学での第二外国語はドイツ語だった。急いでフランス語の辞書を買い、第二外国語としてフランス語を選択していた同じ独身寮の仲間に一ヵ月習い、三、四ヵ月かかって八〇〇ページに及ぶドキュメント（資料的な文書）の翻訳をしたという。

花王の丸田芳郎は、勉強するにしろ遊ぶにしろ、一流のものに接することを奨めている。一流のものに接していると、一流のものとそうでないものを見分けることができるようになるからだ。

なぜ「視野の広さ」に一目置くのか

■「視野の広さ」が問われる三つのポイント

「取締役」にふさわしいかどうか、その前段階として「取締役候補」にふさわしいか。社長が意識して着目するのが、「視野が広い」かどうかということである。

視野が広いという場合、三つの要素がある。一つは時間というスパンの長さだ。「中長期的」にどれだけマーケットニーズを把握し、戦略を立て実行できるかである。二つには文字どおり「視野の広さ」である。三つ目は「目線の高さ」だ。この三つがそろって初めて、本当の意味で視野が広いといえる。

戦略についてオリックスグループCEOの宮内義彦はこう考えている。

「現場や課長クラスの社員は、目先の日常業務をこなすことが前提です。部長クラスはそこから少し離れて、今期から来期くらいまでといった、少々先のことを考える能力を求められる。そして、役員はさらに長く、一年から三年くらい先のことまで展望できなくてはいけない」

企業全体の方針や戦略を決定する、それが取締役の任務であり、それに沿って戦術を練り、実行するのが中間管理職である。もちろん、単なる表面的な時流に流されてはならない。変化するニーズの核心を掴み的確に対応することが前提になる。

テルモの和地孝は小学校四年の時、敗戦を迎えた。この敗戦を境に歴史観を含めた価値観が大きく転換し、「それまで金科玉条と思われていたことがまったく価値のないものに変わる」のをつぶさに体験する。

「私はこうした体験を持つため、常に時流に流されず自分の頭で考える『自流』で時代の価値を見ることにしています」

視野は会社全体にとどまらない。社会まで俯瞰しているかどうか、ということだ。社会に対して広く目を向け、何かを鋭敏に感じとるチカラが必要だ。社会は「生き物」である。その変化にうまく乗れば企業は生き残り、乗り遅れれば滅びる。その意味で、これは中長期的な戦略の立案、実行と表裏一体をなす。何も営業に限らない。購買、財務、総務、物流、企画などにも当てはまる。ラインでないから関係ないという時点で取締役失格である。

それに、企業は社会の公器である。法人という人として、社会の一員になっている。京セラの稲盛和夫は、

「社会に存在する大義名分のない会社は、社会から消える」

と断言する。社会で「必要とされない」商品をつくり、世に送り出している。あるいは、自社の利益だけを追求する、マネーゲームに狂じている。これではいけない。東芝会長だった西室泰三は、

「会社がいかに社会的な存在意義を持ち、そしてどれだけ貢献しているか、認識できる人材がほしい」

という。

「その要求にどういう製品や商品を提供して応えるか、そして、それが本当に社会が求めるものになったかどうか、常に検証を繰り返さなくてはならない」

ともいっている。

社会の公器であることを身をもって実証していく。それは高い目線での「志の高さ」「ビジョン」といい換えてもいい。

三菱UFJリサーチ&コンサルティング理事長の中谷巌《いわお》は、「『志』を磨いていくこ

とは三〇代にやるべきことです」といっている。

「『志』を磨くには、まず、自分は何のためにこの世に生を授けられたのか、社会のために何をすべき人間なのかという『自己認識』を持つことが必要です」

本格的に三〇代から取り組み、それをより深め、確固たるものにしていかなくてはならない。

自分の物差しを持っているか

能力があり、将来を嘱望されながら部課長どまりになる場合、実務能力は優れているが、とかく、自分の管轄を優先し全体最適を軽視しがち、という傾向が見られる。大きな方針や中長期的な戦略の立案、実行力が弱い。会社が社会の公器であるという認識に疎い。志やビジョンがあまり感じられない。そういった差が決定的な差になる。

中長期的な戦略の立案や会社外における業界動向、関連業界への目配りなどは、実務の延長でできないことはない（むろん、それも簡単ではないが）。

しかし、志を高くして、大きくて明確なビジョンを持ち、的確、着実にカタチにしていくのは容易ではない。

三井物産を創業した益田孝（自らを鈍翁と称した）は、

「眼前の利に迷うことなく、遠大なる希望を抱く」

ことを役員や社長に求めた。そうすれば利はあとからついてくるということである。自社を過大に評価されるよう演出したり、どんな手法を使ってもいい、利益を得ることだけにエネルギーを費やすようなタイプは、一時、脚光を浴び華やかにもてはやされても、寿命は長く続かない。

このような志やビジョンは、サラリーマンであっても、サラリーマン根性と相入れない。サラリーマンでありながら、また、愛社精神を持ちながら、「独立心」も併せ持っていないと、生きたカタチで掲げることができない。会社への依存心がないということだ。

取締役はサラリーマンとはいえ、経営者の一員である。むしろ、そっちのほうにウエイトがある。ウエイト以上に本質的な差だ。

二〇〇九年一一月に彼岸へ旅立った森繁久彌は若い頃、サラリーマン重役の悲哀をコメディタッチで演じ人気を博したが、マーケットが高度化し、企業の近代化も進んだ今日では、取締役にそういったサラリーマン的な風土は残っていないし、そもそもそうい

った タイプは取締役になれない。
二、三〇代、従順でなく、むしろとんがっていたような若者が、やがて取締役になり社長になることが少なくないのは、その現われではないか。経営者は自身の体験から、そのことをよく知っている。
「いまソニーがほしいのは、生意気な人間です。中身のない生意気ではなくて、自分の物差しを持って自信ある行動をする若者です」

盛田昭夫がいっているのは、まさにそのことである。

盛田のあとを継《つ》いだ大賀《おおが》典雄はその代表格だろう。ビデオでベータ対VHS戦争が起きた際、日立製作所の当時の社長がベータ側につくつもりで大賀を訪ねたものの、あまりの高慢さに腹を立て、VHS陣営に転換した、という話もある。

東京芸大時代の同級生である松原緑は、なんにでも物知り顔で口を出す大賀がきらいだったという。ところが、後に大賀の妻になっている。そういうところを見ると、大賀には人を引きつける魅力、あるいは魔力があったのかもしれない。そうはいっても、経営者になっても生意気というのはいただけない。

ただ、独立心旺盛なアメリカの企業家に比べると、日本全体ではまだサラリーマン体質の傾向が強いかもしれない。

イー・モバイル会長兼CEOの千本倖生《さちお》は、NTT（旧・日本電信電話公社）に入社し、二年後にフルブライト奨学制度に合格、アメリカに留学し、自分の価値観が一挙に覆《くつがえ》される体験をした。日本の電話事業を独占する、唯一最大の電話会社で働いている、と自慢したところ、学生寮のルームメイトから非難されたという。しかも、「悪だ」とまで決めつけられる。

「リスクをとって起業し、フェアに競争することこそ善。優秀な人間ほど、そうやって人生を切り開いている。だからこそ尊敬されるんだ」

と、忠告されたそうである。大企業で働いていることを自慢するのは、サラリーマン根性丸出しであることは間違いない。千本はそれを恥じたのである。

千本はその後、通信事業の規制緩和を受けて稲盛和夫が立ち上げた第二電電（現KDDI）に専務として入社し、その後、独立、イー・アクセス、イー・モバイルなどを立ち上げてきた。

第二電電設立パーティに私も出席し、千本と二、三言葉を交わしたが、小柄で非常に腰の低い人だった。三井不動産の江戸英雄や電通の鬼といわれた吉田秀雄も小柄だが、気概の高さやエネルギーの強さ、志の高さは外見と関係ないといえる。

ただし、日本には日本の風土がある。独立しなくても、旺盛な独立心、起業家精神を持つことこそ大切なのだ。

自分の持ち味を前面に出す

こうした取締役に求められる能力や人間性を身につけカタチにしていくには、どういう資質が必要となるのか。

成功体験に縛られないことだ。ましてや、過去の成功を自慢しているようではダメである。失敗を認める勇気も必要である。失敗や責任を曖昧にしたまま、ウヤムヤのうちに他の仕事にウエイトを移していないか。

ファーストリテイリングの柳井正は「成功体験を一日で捨てろ」というが、二、三日は浸ってもいいだろう。花王元会長の後藤卓也は、「現状不満足の精神」を社員に訴えてきた。現状に満足せず、「アグレッシブ」に前進せよということだ。一九八七年頃、主力商品である洗剤のアタックを発売、これ以上ないという品質のものに仕上げたという満足感が社内に広がった。売上げを伸ばしたのはいうまでもない。

だが、丸田社長から雷が落ちる。その頃、世の中に少しずつ省資源意識や環境意識が高まってきていた。丸田はそれがニーズの変化につながると捉え、ムダに水を使わないよう水にサッととけ、すすぎが最小限で済む洗剤を開発する必要性を痛感していたのである。そこから、再び研究が始まり、ニーズの変化にマッチした新タイプのアタックを開発し、消費者に喜んで迎えられる。

それは危機意識といい換えてもいい。キリンホールディングス元会長の荒蒔《あらまき》康一郎《こういちろう》は、

「危機感を持てない人間はリーダー失格」

といっている。

選択肢が二つ以上ある場合、あえて最もむずかしい問題を抱えている道を選ぶくらいの気概、アグレッシブさもほしい。社長はそういう姿勢をよく見ている。また、そういう行動は社長に伝わりやすい。

それを成果に結びつけるには、客観的に自分の持ち味や技術力を判断し、創意工夫する柔軟性も求められる。

フォルクスワーゲン東京やＢＭＷ東京の社長、さらには、ダイエー会長兼ＣＥＯなどを経て、現在、横浜市長になっている林文子が車の営業を始めたのは三一歳の時だった。

ホンダの販売店に入社したのである。外回り担当である。いまよりは専業主婦が多かったとはいえ、門前払いが当たり前の世界である。一九七七（昭和五二）年の頃で、まだ女性ドライバーが少ない時代、ましてや、車のセールスレディはめずらしい。

しかし、そういうハンディを持ちながら、一日一〇〇件訪問すると決めて実行、招かれざる客として門前払いを食らった家にも毎日のように通ったという。それによって顔なじみになり、ある主婦が、「具合いが悪くて買い物にいけない」とこぼすのを聞いて、代わりにスーパーへ走ったこともあるそうだ。

「そういった信頼関係の積み重ねが実を結ぶ」

つまり、営業力は人間対応力であるという。そのために女性としての持ち味を活かした。それで、一年目に一四五台売る。ショールームに配属後も、まず、お茶を勧めたり世間話をして打ち解けるように心がける。これも女性らしさを前に出している。

ただし、営業そのものはオーソドックスに緻密に展開している。その点を誤解してはならない。セブン＆アイ・ホールディングス会長（CEO）の鈴木敏文がいっているように、「奇策はどこにもない」のである。

クボタ会長の幡掛《はたかけ》大輔も「対策に奇手奇策はない」という。それを念頭に、「一つ得意分野を持て」と奨めている。「販売戦略はアイツに任せたら安心」「新製品開発はコイツ」というようにだ。ユニ・チャーム会長の高原慶一朗はゼネラリストを縦棒とし、そこに専門分野の横棒を引いた「T字人間」に権限を委託したいし、実際にそうしてきたという。

部下に厳しい仕事に真正面から取り組ませて、キチンと育てることも、リーダーの資質として不可欠だ。グンゼの平田弘社長は入社後、初めて書類をつくって上司に持っていったところ、「書類におまえの判を押してこい」と突き返されたという。それでもう一度、内容を見直す。「責任を持ってつくってこい」ということだった。

「学生時代は八〇点もとれば合格だが、社会人は間違いが許されないことに気づかされました」

と平田はいう。インターネットを介した株の売買で先鞭《せんべん》をつけた松井証券の松井道夫社長も、日本郵船に勤めていた頃、似たような体験をしている。一つのレポートで、上司から二度、突き返された。一度は「一枚にまとめろ」という理由であり、二度目は「起承転結を簡潔に示せ」という理由だった。

また、打たれ強くないとリーダーになれない。鈴木敏文は、

「改革は批判されることから始まります」

と断言している。世の中が急激に動いているいま、「経営とは改革なり」といっても過言ではない。その改革は批判や非難されることから始まる。周りから好かれることを優先していたり、批判を恐れていたら改革はできない。

それは信念を持ってコトに当たるといい換えてもいいだろう。

人の口にカギはかけられない。他人に対する辛口や非難は砂糖のように甘い。歴史上、もっとも陰口を叩かれ非難されたのは、ヒトラーやスターリンより、もしかしたらキリストかもしれないのだ。

ニーズを先取りする柔軟な思考力

お客様のニーズが起点と心得る

セブン&アイ・ホールディングスの原点はイトーヨーカ堂であり、イトーヨーカ堂の出発点は終戦の四ヵ月後にスタートした洋品店の羊華堂である。名誉会長である伊藤雅俊が母と兄の三人で始めている。

伊藤は、商いの原点はお客さまであることを身をもって示してきたが、それは母から徹底的に教え込まれたからだ。

母親は店があることのありがたさを心底感じ、感謝していた。それまで戦火や震災にあって三度、店を失っていたからである。しかも、父は遊んでばかりいたため、自分が商いの柱にならなければ、という強い思いを持っていた。

「『お客さまは来てくださらないもの』という気持ちで毎日の商いをしなければならないと、母は私たちによく言っていました」

という。来てくれないのが当たり前のお客さまに来ていただくよう、最大限の努力をする。キメ細かく心配りをする。来ていただくことに心から感謝する。

母はその「単純な基本」を「徹底的に実践」することを求めた。「実践することが商人の自己表現なのです」ともいっている。

現在、セブン&アイグループに入っているヨークベニマルも、お客さまに店に来ていただくありがたみを、創業者が身をもって体験した。戦後、大高善雄夫婦が食料品店を開いたがお客さまに来てもらえない。それで生きのびるため、自転車や荷車に商品を積んで野を越え山を越えて売り歩いた。だから、お客さまのほうからわざわざ来てもらうことに対し感謝し、また、来ていただくために最善を尽くす。それをヨークベニマルでは「野越え山越えの精神」といって、いまでも守っている。

ましてや、いまは供給が需要を大幅に越えているのだ。世界的な不況の波から脱け出せないでいる。

生産者、加工メーカー、卸、サービス業者にしても同じである。「お客さまは買ってくれないもの」「来てくれないもの」ということを前提に、買ってもらう、来てもらうための努力、創意工夫に最善を尽くさなくてはならない。

消費者であるお客さまを起点に経営し、仕事の仕組みをつくることを最優先する必要がある。

昔なら、荒っぽくて強引なくらいリーダーシップを発揮すれば、営業成績が伸び、取締役になれたかもしれない。しかし、いまの時代、そういうリーダーは通用しない。通用しても部課長どまりだ。

お客さまのニーズを最優先し、ブレることなく対応する、そういう仕事ぶりが欠かせない。確かにそうだ。「しかし」とか「けれども」「そうはいっても」「でも」とできない理由を並べるのは、自分で自分の額に取締役失格という烙印を押しているに等しい。

一九七九年にセブン-イレブン加盟第一号店の出店にこぎつけ、現在、約一万三千店にまで増やした鈴木敏文は、

「私がいつも社内で話しているのは、お客さまが便利だということは、自分たちが不便なこと。大切なのは、その自分たちの不便さの壁をどれだけ破れるかということです」

といっている。鈴木はこのところいろいろいわれているが、この考えに基づき、時代の変化に合わせて、その都度、仕組みを大きく変えてきたことは間違いない。「変化への対応と基本の徹底」というセブン-イレブンのスローガンはいまでも生きている。他社にも通用する。

キリンビールはお客さまの低価格志向に合わせ、第三のビールに大きくウエイトを移して、ビールの売上げ首位を奪還した。また、ユニクロを展開するファーストリテイリングの柳井正がヒートテックやブラトップを類似品の三分の一から四分の一くらいの価格で売り、一方で、ジル・サンダーというドイツの世界的に有名なデザイナーと組んでファッション性を高め、セブン-イレブンやイトーヨーカ堂でさえ伸び悩んでいる中、一人、気を吐いているのも、同じ理由による。

カレー専門チェーンCoCo壱番屋を創業した宗次徳二は、誠実な人柄で知られているが、

「真心を込めてお客さまに接することを必死で続ける。するとお客さまに鍛えられて強くなる」

と、体験を語っている。

カシオ計算機は、「お客さまの利益のために需要を創造する」をモットーに新製品開発に力を入れてきたが、一九六四（昭和三九）年、シャープが次世代の電子計算機を出した途端、主力商品のリレー式計算機の売上げが急減する。創業者である故樫尾忠雄以下、兄弟四人、経営に加わっていたが、当時、業績に安心し、週に三、四日、ゴルフ三昧に耽《ひた》り、お客さまを二の次、三の次にしてしまっていたのである。そのつけは必ず現われる。その危機を乗り越えたからよかったものの、崖っ淵に立たされたことは確かだ。

■"生きた情報"を取りに行っているか

ブレずにお客さまを起点にすることは、世の中の動きやお客さまのニーズの変化に柔軟に対応してこそ成り立つ。だから、リーダーにはそういう柔軟性がなければならない。

さらに、柔軟に対応するには、世の中の動きやお客さまのニーズの変化を、タイミングを外さずにキャッチすることが前提になる。

阪急電鉄や阪急百貨店を創業した小林一三は、

「世の中の変化より二、三歩先に行ってはいけない。一歩先を歩け」

といっているが、これはお客さまの潜在的ニーズをいち早く見つけ、そのニーズが表面化する直前に顕在化を先導せよ、ということだ。これを需要の創造という。

小林は阪急電鉄の終点、宝塚に宝塚歌劇団をつくり需要を創造した。また、開業当初は乗客が少なかったため、それを逆手に取り、「阪急なら通勤時間帯でも座れます」という内容のコピーをつくって宣伝し、乗車率を増やしている。

いずれにしても、ニーズの変化を的確に掴むことが前提になる。社会、経済が多層化、複雑化している現在、情報システムを活用してマーケットを科学的に分析できないと、二一世紀にふさわしいリーダーといえない。

その一方、成果を出しているリーダーは、おしなべて素朴な手法も併用している。現場の重視だ。

オリエンタルランド社長として、ディズニーランドの集客を高めた加賀見俊夫（現会長兼CEO）は、東京へ出かけると空き時間を見つけては小まめにカフェに入るようにしてきた。一人になって気持ちを集中させることも多い。

「周りから聞こえてくる女性客のおしゃべりや、ビジネスマンの愚痴に耳を傾けていると、世間の人の関心が見えてくる」

という。

日本マクドナルドの原田泳幸は、時々、ぶらりとマクドナルドに立ち寄る。

「ふらりと店舗に立ち寄って食べて、マネージャーの話を聞くほうが、管理職だけの会議よりビジネスチャンスが見えることがありますから」

といっている。ユニクロや良品計画の再建にコンサルタントとして関わり、高級スーパー成城石井の社長として収益を回復、増大させている大久保恒夫も、時間をつくって積極的に店を回っている。大久保は社長室を廃止し、電車で通勤している。

このように現場に足を運ぶのは、店がお客さまとダイレクトに接する舞台だからである。お店さまの目線、表情、動き、やりとりを「五感で感じとる」ことができるからだ。これは科学的な分析だけでは分からない点である。また、都合の悪い情報ほど上に伝わりにくいものだ。保身のため、情報を砂糖で甘くしたり着色料で色づけする部下もいる。

そのため、スズキ会長兼社長の鈴木修は、

「机に座って、パソコンで数字だけ見ているようではダメだ」

と断言する。皆が発言しないことを恐れる鈴木は、常に現場に足を運んだりパーティで社員と触れ合うようにしている。堀場製作所の堀場雅夫も、パーティを頻繁に開いて社員に接し、コミュニケーションをとっているが、これも現場にいる社員の話を聞くためである。楽しい雰囲気の中で話を聞くことによって、社員がかしこまらず、率直に話せるようにしているのだ。

キリンホールディングス会長の荒蒔康一郎は、顧客の声を聴きとる感性は、現場で磨く必要があると考えている。

「ひたすら会社で忙しく立ち働いていると、どうしてもセンサーが鈍る。週一回でもいいから外に出て、人と会話し、何か一緒にやるといった交流を心がけなくてはならない」

経営に必要な情報とは「生きた情報」であり、「鮮度の高い情報」「テーマに直結した情報」である。そういう本当の情報は与えられるものではなく、取ってくるものである。だから、積極的に情報収集しない人は取締役になれない。

醜いアヒルを白鳥と思わせるチカラ

適切に情報を収集してニーズを把握し、タイミングよく対応を決めても、実際に動くのは部下である。もちろん、指示すれば部下は動く。しかし、その指示に心中大いに納得しているのか、納得しないまま動くのかによって、本人は無意識でもエネルギーの出し方が違ってくる。モヤモヤしたまま動けば、自然に活動力に差が出る。反発していたら、見ていないところでサボタージュする部下だって出かねない。

積極的に動いてくれるか否かは、人望の有無しだいである。たとえば、七六年にクロネコの宅急便を始めたヤマト運輸の小倉昌男は、三越など大口の商業貨物から撤退する。退路を絶つ。海のものとも山のものとも分からない個人貨物へ一〇〇パーセント転換する。

当時の運輸省（現・国交省）とも凄まじい戦いを始める。お上である国に楯ついたのだ。小倉は温厚で目も優しく紳士的で、「鷹」という俳句結社にも所属して俳句もつくっており、どこにそんな戦闘力があるのかと思える人だった。

小倉の決断に対し、当時、役員全員は反対したが、労働組合が率先して協力を申し出る。石油ショックで会社が青息吐息の時も、小倉は社員を解雇しなかったからである。

カルロス・ゴーンは、魅力的なビジョンも示す必要があるといっている。部下から信頼される計画をつくることも重要だという。

「優先順位を明らかにして、ごまかしのない、シンプルで説得力のある計画を提示するのです。やるべきことが多すぎると、人はついてきません」

また、成果を評価する指標を作成し、公開することも大切だ。分かりやすくて測定可能であることが前提になる。

しかし、本質的には魅力的なビジョンでもヤマト運輸の宅急便のように、現状の価値観で見ると、会社を危うくするビジョンに思えることが少なくない。キヤノン会長の御手洗冨士夫は、「いますぐつぶれるほどでない中途半端な状態だと、現状のままで幸せな人もいっぱいいて、それが抵抗勢力になるのです」と指摘する。

「破壊はつらく苦しくても、戸惑い抵抗する相手をその気にさせ、努力を引き出すのが説得です」

そう説得の必要性を強調している。

御手洗は、それを「説得と承諾のプロセス」と呼んでいる。

アメリカは日本に比べボスの力が強い。そのアメリカでさえ御手洗は苦労した。ましてや、日本ならなおのことだ。しかも、現在は改革が常態化している。改革には破壊が伴う。その痛みを引き受け乗り越えていくには、部下の承諾を取りつけ、自主性をもって破壊と改革に取り組んでもらわなくてはならない。

そのためには言葉が巧みでなくてもかまわない。その改革によって何を実現し、それによって社員にどんなプラスがもたらされるのか、具体的にイメージして伝えることだ。それを借り物でなく、自分の言葉として伝えることも欠かせない。改革に取り組まなかったり疎かにしたらどうなるか、それをイメージ化することも大切だ。一方で、そのメリットとデメリットを数値で分かりやすく示す。つまり、意思を確実に伝えなければならない。そのためには本質をしっかり見極めて説得することが求められる。

主張するだけのリーダーでは、現代の取締役にふさわしくない。任命されても取締役を辞退すべきだ。

決断の速さで力量が分かる

「いっても分からない奴だ」と、自分の説得力のなさをさしおいて、部下を非難するようでは取締役に似つかわしくない。タイムトンネルを使って二〇世紀に戻ってほしい。

説得できないとしたら、独りよがりになっていないか、一度、自省してみるべきだ。言い回しが複雑、論理が飛躍している、バラバラ、情緒的、感覚的、装飾的、抽象的などいろいろ考えられる。

いまの時代、「シンプル」で「すっきりと分かりやすい」説明であることが当たり前になっている。目に見えないもの、見えにくいものをカタチにして「見える化」「分かる化」を図っていくことが重要になっている。パソコンで簡単に図表もつくれる。自分でできなければ部下にやらせればいい。

良品計画の松井忠三会長（兼執行役員）は、二〇〇一年当時、経営不振に陥った際、社長に就任し、改革を成し遂げた人物である。

仕事の進め方をいろいろ変えたが、その一つに店舗の無印良品と本部を結ぶ情報システムの構築がある。それ自体、別に目新しくない。ただ、従来、目に見えなかった店長と商品部のマーチャンダイザーとのやりとりを公開制にした。

それまで店長とマーチャンダイザーが個々に連絡し合っていた。そのため、誰がどんなやりとりをしているのか全体像が見えなかった。また、店長の質問にキチンと返答しておらず、場合によってはウヤムヤになっていた。

そこで、店長の質問を受けてから二週間以内なら青信号、二週間以内に回答しないと画面に黄信号が灯くようにし、二週間以上経ってから対応が完了すると赤信号が灯くようにした。

これらの画面は共有されているから、黄信号や赤信号が灯くと担当部署や担当者が一目瞭然になる。その黄信号や赤信号が多い部署やマーチャンダイザーはいい加減な仕事の進め方が見える化される。もちろん、キチンとスピーディに回答している部署や氏名も同様だ。分かりやすく、的確に回答しているかどうかも分かる。

つまり、それまで見えなかったものを見える化したのだ。

パナソニック会長である中村邦夫も社長時代、見える化を実現している。コスト削減を目的に、五名ほどのプロジェクト「コストバスターズ」を立ち上げ、実績を上げている。プロジェクト発足を前に、各事業所ごとに月次経費を開示できる経費システムを導入し、見える化したのだ。その見える化の効果がコスト削減に出たといっていい。

コストバスターズでは「自分化」も図った。メンバーとして女性四、五名にも入ってもらい、主婦感覚で経費に目を光らせた。さらに、「すぐやる化」にも挑戦した。部門や部署ごと、工場単位でコストダウンすると、その事例を公開、他の部や課、工場でもすぐに参加して導入できるようにした。

分かる化を早くから仕組みとしてつくったのはホンダだろう。二代目の河島喜好社長が、七六（昭和五一）年、「発展期にふさわしい事務の体質をつくり上げるために、全社的に取り組もう」と提案し、名づけて「マルＪ運動」がスタートする。Ｊとは事務の頭文字である。

目指すビジョンとして、「厳しい環境に適応できる体質づくり」を掲げた。そのための具体的なルールを定め、その規準に沿って行動すると、「あの人はマルＪね」といったりし、逆だと、「〇〇さん、それダメＪです」といったりした。

そのマルＪ運動の一つとして「スッキリ運動」も展開したが、その一つが一枚ベスト運動である。

「すべての文書、資料を一枚にまとめる」

ということだ。さらに必要なら添付資料とする。「一枚ベスト、二枚ベター」という言葉が行き交った。

こういった「見える化」や「分かる化」を自らの裁量で実行するくらいでないと、取締役としての力量に合格点が出るとはいいがたい。それがスピーディで最適な決断につながる。

アステラス製薬社長兼ＣＥＯの野木森雅郁《まさふみ》は、若い時から、仕事を指示した相手が何を望んでいるか、要求の幅や深さを測り、そこに自分らしさを加えて答えを出すようにしてきたという。

たとえば、結論を出すのに一週間必要と判断され、それに見合う分量の報告を求められたとしよう。しかし、一日でも二日でも一週間かけても同じ結論になると判断したら、一日の分量で結論を出して報告する。

ニューヨーク市にカーネギーホールなどを寄贈したことで知られる、世界の鉄鋼王アンドリュー・カーネギーは、仕事を任せる場合、相手がそれにふさわしいかどうか見定めるため、質問したことに対する返答のスピードを基準にしていたという。

こういう人は、仕事の手順も手際よくスピーディに遂行できることを経験の中で学んできたに違いない。即答する際、頭をフル回転していろんな思考をしており、その思考力と決断力が仕事への遂行に結びつくことを知っているのだ。

人間性を注視するにはわけがある

■社長とぶつかっても折れない信念

経営が順調でも、明日はどうなるか分からない。「いまほど変化のスピードが速い時代はない」以上、そうなる。二〇〇八年秋に発生したリーマン・ショックと、それに続く景気後退の大波は、その最たるものだ。

世の中の変化の半歩先を行く、一歩先を行くといっても、その半歩や一歩が正確かどうか結果が出るまで分からない。心を凍らせるような大きな不安がよぎる。

入試テストのようにあらかじめ問題が設定されて、正しい答えが一つあり、それを探すのとは異なる。自分で問題を考え――どこに問題があるかを見つけ――自分で解決するのが経営である。

人から命令されて仕事をしていれば別だが、経営陣に参画すれば、自分で設問し、自分で答えを出さなければならない局面が必ず生じる。設問の段階でそれが正しいかどうか問われているのだ。「問題をつくったのはいいが、的を射ているのか」「設問が正しいとして、正解を導き出せるか」「正解を出せなかったら会社が倒産し、大勢の社員やその家族を路頭に迷わせてしまう」、不安が不安を招き寄せ、重圧のため、かえって思考を誤らせかねない。

そんなマイナスのスパイラルに陥らないようにするには、軸になるものが必要だ。世の中の変化という潮流にただ流される船であってはならない。エンジンと操舵《そうだ》室、羅針盤のある船になる必要がある。それが「志」であり、その志を貫こうとする「信念」であり、その二つを貫く「哲学」である。

社長はその志、信念、哲学の重要性を経験で熟知しているから、その三つを軸にして、その価値に基づいて決断している者を優遇する。仲間に加えたいと願う。それが生きるうえで二次的なものなのか、その人の人間性そのものになっているのか。もちろん、後者でなければならない。そういう人物であって初めて、会社の盛衰に関わる仕事を一緒にやっていけると判断する。

社長に従順だけれども自分の志、信念、哲学を持っていない取締役と、時には真正面から反対するが自分らしさを貫こうとする取締役――二者択一とすれば、賢明な社長なら後者を選ぶ。

ホンダの三代目社長だった久米是志が本田技術研究所の取締役になった頃、本田宗一郎と大喧嘩したことは、いまや伝説になっている。

当時、本田宗一郎は空冷エンジンにぞっこん惚れ込み、「空冷で世界を席巻する」と意気込んでいた。それに対し、久米など若い技術者は水冷エンジンを支持していた。

本田にいわせれば、「水冷は水がなければ走れない。砂漠など苛酷な環境で使われる戦車は空冷を積んでいる」ということだ。これに対し久米の主張は、その後の環境問題を見据えていた。過去の実績VSこれからの変化への対応という図式の論争である。当時、アメリカで自動車の排気ガスが問題になり始めていた。いずれ日本でも排気ガス規制が行なわれるようになり、そうなるとエンジンを低い温度で回転させる水冷エンジンに対するニーズが高まる、というのが久米たちの主張だった。

久米は創業者かつ社長であり、「おやじさん」とふだん呼んでいた本田に対し、屈せずに論陣を張った。当然、本田も引き下がらない。

すると、久米は、「こんなわからず屋の石頭の社長の下で働いていられるか」と出社を拒否する。そのボイコットは一ヵ月続いた。場合によっては退職も覚悟していただろう。結局、副社長だった藤沢武夫が二人の中に入り、本田を説得し、水冷エンジンを認めさせたのである。弱冠三八歳の取締役がオーナー社長と渡り合い、自分の信念を貫き通したのだ。

その結果、産まれたのが低公害、省エネのCVCCエンジンだった。技術的に画期的だったCVCCエンジンを搭載したシビックは、やがてホンダを二輪メーカーから四輪メーカーへと大きく脱皮させることになる。もし久米が自己保身を優先させていたならどうなっていたことか。

素直、素朴さとしたたかさの両立を目指す

生き方や経営について「自分の哲学」を持ち、それを貫こうとする「志」を抱き、強い「信念」を持ち、そこに人間性のレベルで血を通わせ、仕事を通してカタチにしていく人は、性格に共通性がある。

「素直」で「正直」、「率直」、「誠実」であるということだ。松下幸之助も、「人が成功するために一つだけ資質が必要とすれば、それは素直さだ」といっている。中でも特にすぐれたリーダーはしたたかでありながら「素朴」でもある。それによって初めて感性

がシャープになり、知性も善《よ》いカタチで活発に働く。

素直とか素朴というと青臭いとか田舎臭いと思われかねない。確かに、素直さや素朴さがそれだけで剥《む》き出しになっていれば、そういえる。しかし、それを核として人間としての厚みや深み、経営の知恵を身につけていけば、それはむしろ強みになる。

根性が曲がっていたり、小利口だったり、被害者意識が強いと、こうはいかない。逆方向に動く。私利私欲についてもそうだ。

一見すると素直、素朴、正直といったことは、人間として成長するのに大して役立ちそうもない。しかし、大樹を見てほしい。根元の幹のほうから曲がっていては大きく育たない。

西郷隆盛（南洲翁）の没後、編《あ》まれた『遺訓集』に次のような言葉がある。

「命もいらず、名もいらず、官位も金もいらぬ人は始末に困るものなり。この始末に困る人ならでは、艱難《かんなん》を共にして国家の大業は成し得られぬなり」

だからこそ、西郷は土佐藩を脱藩した一浪士でしかなかった坂本龍馬を盟友として遇したに違いない。

門閥や名声でなく実力を重んじた織田信長が、ちびで若いのに頭の毛が少なく、猿顔でうだつの上がらない日吉丸（後の豊臣秀吉）をとりたてたのも、その極端なほどの私心のなさを見抜いたからだろう。下克上の戦国時代にあって、これほど安心できるものはない。

一六世紀後半の戦国時代にあって、その先に世界の中の日本を見据えて日本の統一を目指した信長の先見性を受け継ぎ、秀吉は日本の統一を図る。経済を重視し、楽市楽座を広める。大阪城をつくるに当たって築城に参加した者に賃金も払っている。封建制度において、これは近代の雇用制を先取りしている。

ただし、権力を一手に握った後、日常生活の秩序を軽視したり、独裁者になり果てたのはいただけない。目を覆いたくなる。

素直、素朴で私利私欲に捉われていない人間は、人を見るチカラがあるようだ。本田宗一郎は、

「人を見抜くカンというのは、人生を苦しんで渡って来た人間じゃないと働きませんね」

といっている。無二の親友（心友）となる藤沢武夫に会った時もそうだった。一目見て、「こいつは素晴らしい奴だ」とすっかり惚れ込んだという。実際、生涯のパートナーとなる。藤沢によって、ホンダの難局をいくつも切り抜けることができた。

ホンダが資金難に陥りピンチになった時だ。副社長だった藤沢は不眠不休で金策に駆け回った。そういう時は、ふつう、嘘と真《まこと》のギリギリの境、若干、嘘のほうにウエイトをおき、色をつけて話すものだ。しかし、藤沢は洗いざらい正直に話した。駆け引きさえしなかった。本田は一緒に行った銀行で、その姿勢をつぶさに目にした。そうしたら、「立派だ」と言われ、金を貸してもらえたという。三菱（現・三菱東京ＵＦＪ）銀行との取引がその時からスタートする。

無器用なら無器用のままでいい

ふつう、私たちは、将来の大業より現在の小事を大切にする。将来の目的のために、いまの寒さや辛さに耐えるより、将来の目的を捨て、目の前の暖かさや快適さに身をゆだねる。あるいは、虫のいいことに両方をほどほどに追おうとする。そのため妥協する。志や哲学、信念があってもブレる。仲間と不平不満を言い合う。それによってあったかい気持ちになる。

ブレず、仲間に不平不満や愚痴をいわない人間は、一面、無器用といっていい。無器用なだけに、そうでない者よりなかなか芽が出なかったりする。

日本ＩＢＭ最高顧問で、経済同友会の代表幹事でもあった北城恪太郎《かくたろう》は、社長という檜《ひのき》舞台に立つのは早かった。九三（平成元）年、四九歳で社長になっている。社員が二万人いるような大企業で、その時代、四〇代で社長になるのは異例中の異例といっていい。

その点では早かったが、入社して暫くは同期の後塵を拝していた。昇進が遅かった。ただ、それでもめげずに、自分らしさを貫きながらコツコツ仕事をこなす。無器用といっていい部分があった。そして、三〇代後半から猛烈なスピードで昇進する。やはり北城の人間性や仕事ぶりを見ている人がいたのである。

人間が最も無器用になるのはどういう時だろう。恋愛ではないか。特に若い時の恋愛がそうだ。三、四〇代になって初めて恋愛をすると、なおそうだ。

角川書店で編集の仕事をした後、幻冬舎を設立し、『ふたり』『大河の一滴』『弟』『永遠の仔』『13歳のハローワーク』などミリオンセラーを連発してきた見城徹《とおる》は、自らの高校時代の恋愛を振り返り、「人を激しく思うことで自意識や自己表現を見つめるいい機会になりました」「互いの振る舞いで傷つけ合ったり感情のやり取りに苦しんだり喜んだり……」と述べている。

そして、

「他者をものすごく深く見つめる経験は人間的成長につながるものです。他人に対する想像力がなければ、社会にうまく適合できません」

といっている。

仕事についても同じことがいえる。小賢しくなく信念を持って生きようとすれば、社会や業界の常識（慣習にまでなっている業界の価値観）とぶつかったり亀裂が生じたりする。それでも信念を曲げず無器用に生きる中で、見城のいうように人間的に成長していける。信念を貫きながら、どう相手を思いやればいいのか、どう筋を通せばいいのかを掴んでくる。お客さまの心も想像できるようになる。

そういう人間は、同じようなタイプを見分けられる。顔つきや態度、全体の印象でピンとくる。一緒に経営していけると判断する。「男の顔は名刺」といったりするが、心という名刺、人間性という名刺というべきだ。もちろん、女性もそうである。喜怒哀楽を共にし、友情を結ぶに至る。

中国で魏・蜀・呉の三国時代に、蜀の劉備の三顧の礼に応えてその創業を扶《たす》け、息子の劉禅を丞相《じょうしょう》（天子を助け、政務を司る大臣）として補佐した軍師、諸葛孔明《しょかつこうめい》は、

「立派な人間の友情は、温かいからといって花を増やすこともなければ、寒いからといって葉を落とすこともない」

といっている。

「順境でも逆境でも変わらず、それどころか堅固になっていく」という。

小利口だったり器用に生き、信念や志を軽んじる人間には縁遠い絆である。

取締役を含め、経営者の生き方や人間性は、社員に大きな影響を与える。社風にさえなる。

滋賀にある京セラの蒲生《がもう》工場の近くに泊まった際、夜、飲み屋にぶらっと入ったことがある。女将さんは、蒲生工場の従業員がよく飲みにくると話し、ほかのお客との違いを教えてくれた。

「すぐに京セラの人だと分かります。ほかのお客さんは会社の愚痴や上司への不満を、飲むほどに吐き出すんですが、京セラの方は会社への熱い想いを語りますから。至らない自分への愚痴や不満は口にしますけどね」

この話を聞いた時の強烈な印象は、いまでもハッキリ思い出す。

■本物は〝表情の造り〟が大きい

大のつく経営者はもちろん、ひと角の人物には共通した表情や雰囲気がある。それは、その人の感性や喜怒哀楽の感情、思考の働きが、すべてものごとの「本質」に沿っているということだ。一〇〇パーセントといっていいほど、その人の「志」「信念」「哲学」と感性や感情、思考力が連動しているということである。

それが表情や雰囲気、動作に現われる。そういった点からして二次的、三次的なことに感性、感情、思考が大きく連動して働くことはない。ゼロではないにしても短期的に軌道修正する。そのため、「表情の造り」が大きい。

若い時からそうである人は少ない。数多くの挑戦をして失敗を重ね、紆余曲折を経ながらそうなってきたのだ。伊藤雅俊、鈴木敏文、稲盛和夫、河島喜好ほかいろんな経営者を見たり接してきたが、皆そうだといっていい。大柄とか小柄といったことは関係ない。気取りやてらいとも無縁だ。そういったことは、その経営者の価値観からみて下位のことに属す。

責任を周りや環境、取引先のせいにしない。責任を負いながら逆風を乗り越えたり難問を解いたりしてくる中で、性根が座ってくる。よほどのことがない限り、たじろがない。若い時から難問に立ち向かい、挫折を経験すると、しだいに危険を察知する能力が身につく。それによって危機対応能力も身につく。

「若い頃の失敗を心のポケットに大切にしまっておくこと。将来、さまざまな困難に出合った時、そのポケットに手を突っ込めば、必ず解決策が見つかるはずです」

と、積水ハウスの和田勇は、自分の経験に照らしてそう語る。

なんとも明るい表現ではないか。

「取締役に登用する時のポイント」という質問に対し、盛田昭夫は、

「まずネアカであること」

と答えている。なぜネアカなのか。

「性格が明るければ、たくさんの人を巻き込んで仕事ができる。一種のカリスマ性がある証拠だから」

真意はそこにあった。

明るくざっくばらんであるほうが、気難しく暗い顔をしている人とより仕事をしやすい。日本NCR社長兼CEOの三ッ森隆司《たかし》は、

「チャレンジはエンジョイしながらやらなければ意味がない。悲壮感を漂わせてチャレ

ンジしても誰も協力してくれないし、しかも美しくない。そしてそのチャレンジに周囲を巻き込んでいくと、新しい世界が開けてくる」

と語っている。それを体験の中で実感したという。それによっていい仕事ができれば、人望も集まる。樋口廣太郎も、

「職場を明るい雰囲気にすることは、組織人として大切な資質だ」

といっている。

明るい資質が本質に沿った生き方、仕事の進め方をする中で筋金入りになり、若い時、そうでない資質だった者も明るくなる。それがプラスに働く。経営の質と人を使う点がプラスに連鎖し、そこに成果という連鎖も加わる。

ただし、明るさと陽気さを混同してはならない。本田宗一郎や豊臣秀吉のように、明るくもあり陽気でもあるリーダーは数少ない。明るさは人柄であり、陽気さは振る舞いだ。冷静でも明るいリーダーは多い。陽気だが、じつはネクラということもある。

その辺のところを、社長はよく見分けている。

第3章

取締役への道、その最後の決め手

——心身ともにタフでなければ務まらない

「愛社精神が強い」とはどういうことか

■自社の理念の達成を自分の責任とする

有名無実になって当たり前じゃないか。「経営理念」や「企業理念」のことだ。むずかしくて堅苦しいものが多い。「うちは大切にしているよ。朝礼で唱和している」といっても、朝一番の声慣らしに役立っているだけとか。

だが、経営とは、この理念を実現することを「目的」にしている。経営とは、その目的を実現するための「手段」である。目標を設定して数値を追うのも、その手段の一つに過ぎない。

だが、多くの場合、この手段を目的にしがちである。特に部課長クラスは出世レースに競り勝つため、日々、切磋琢磨《せっさたくま》し、それでなくても高い数値目標を与えられている。そのため目の前の目標をクリアすることに必死になる。視野狭窄《きょうさく》に陥り、目的を見失いがちだ。

だが、「取締役」にふさわしいか、部課長としてならふさわしいのか、その分かれ目はここにある。他の条件がほぼ同等として、どちらを取締役にするか決めかねているとしたら、最後はこの違いが決め手になる。あるいは、その点を経営の基幹にすえて、ものごとを進めていく可能性が高いほうを選任する。

プルデンシャル生命保険の平石雅史は、現役のセールスマンから執行役員に抜擢された人物であることは前述した。

この平石は流通業界からの転職組である。プルデンシャルが日本に進出した頃、創業に携わった。ヘッドハンティングを受けた時、外資の生保で仕事する気はなかった。その気持ちを変えたのは、プルデンシャルの日本法人を設立した故坂口陽史《きよふみ》の考え方に共鳴したからにほかならない。

わが国の保険業界はGNPといわれていた。G（義理）、N（人情）、P（プレゼント）だ。要するにお付き合いで加入する。そのため被保険者は自分のことなのに保険の内容に疎い。坂口はそれに対し、加入した本人や家族の人生を預かる仕事ではないか、そうであるなら、セールスマンはライフプランナーとして生涯を賭けてサポートするべきである、とした。その哲学を志を持って実現しようとした。だから、セールスマンの地位向上にも努めたのである。

平石はその哲学や志に共鳴し、転職する。しかし、保険の仕事については素人だ。プルデンシャルの知名度もない。その中で、プルデンシャルの保険に対する取り組み方、坂口社長の人間性や志を前面に出して伝え続けた。

「それくらい僕は会社のことも坂口のことも大好きで、寝食を忘れて仕事に没頭していました」

と語る。セールスマン、ライフプランナーというより伝道師のように、この思いを数多くのお客さまに伝えていった。

ただ、結果を出すだけではない。当初から、それ以上にプルデンシャルの経営目的を理解し実現しようとした。そこを評価されたのだ。

理念を自分の哲学に引き寄せる

そうはいっても、やはり理念は堅苦しい。パナソニックを例にあげてみよう。

「私たちの使命は、生産・販売活動を通じて社会生活の改善と向上を図り、世界文化の進展に寄与すること」とある。他社にしても似たようなものが多い。私もコンサルタントとして経営理念づくりに関わったことがあり、あるファーストフードのチェーンでは、二〇字前後のものを二つ掲げるだけにした。分かりやすさ、親しみやすさも心がけた。それでも十分といえるかどうか。

他人行儀なイメージの強い、そういった理念を、自分の生き方、考え方で捉え直し、ストレートに伝わるようにする。それでこそリーダーといえる。取締役には、理念を社員や社会に伝えるという大きな役割があるからだ。部課長は営業などでどうすれば効率よく成果を出すことができるか、その技術を教えれば済む。だが、取締役となればそれは当然であり、それ以上に目的を伝えなければならない。

松下幸之助が唱えた「水道哲学」はまさにそうである。これは電気製品を水道の水のごとくふんだんに供給することで、社会を豊かにしようという事業観である。会社の理念に沿うカタチで、松下の考え方にいい換えたものだ。

その人の日頃の生き方、生き様から出た、そして、理念に沿った哲学であり信念だからこそ、社員はついてくる。本田宗一郎は、

「人間は納得しなければ動かない。納得させるには哲学が必要だ。上に立つ者は、誰が聞いても『なるほどそうだ』と納得する哲学を持っていなければ、何万人という社員を

引っ張っていくことはできない」

と、説いている。リーダーにとって必要なのは経営理念を最優先し、それを自分の哲学として分かりやすい身近な言葉にいい換え、志と信念を持って伝えることだ。その目的は夢といい換えてもいい。それを構築する論理や根本の倫理も必要である。いまのような激動の時代なら、なおのことだ。

「しっかり夢やビジョンを語り、感動を共有することにも努めなければならない」

伊藤忠商事の丹羽宇一郎は強調する。取締役の責任は大きい。花王の後藤卓也も、

「不言実行では人は動いてくれない。リーダーとして失格である」

とまで言い切る。自分の考えやトップの意向を部下に納得させる能力が求められているのだ。後藤卓也はヒット商品になった『クイックルワイパー』を例に、「確信のあることは貫け」と説く。

クイックルワイパーは当初、役員全員の反対にあった。しかし、開発担当者は、掃除機とは違う使いやすさが絶対に支持されると確信していた。だから、めげずに何度も説得を繰り返し、世に出したのである。

経営理念を実現するということは、「経営理念を売る」ということにほかならない。

そう言ったのは松下幸之助である。

松下電器の副社長を務め、その後、経営危機に瀕していたＷＯＷＯＷに乗り込み、再建を果たした佐久間昇二《しょうじ》は、若い頃、乾電池販売のヨーロッパ主席駐在員としてドイツ北西部にあるハンブルクに派遣される。乾電池の販売と販売網づくりを担っていた。

ところが、強力な乾電池がないため苦戦する。その頃、松下幸之助は欧州を訪問、佐久間ら駐在員を労《ねぎら》う。そして、「三年かけて強力な乾電池をつくるから、それまで待ってほしい」と激励した。これに佐久間らは困惑する。強い商品があってこそ乾電池が売れ販売網もつくれる。それがないのにどうせよというのか。その時、松下は、

「松下の商品を売る前に、経営理念を売ってくれ」

と答える。佐久間らは具体的にどうすればいいのか迷った。迷惑に感じた部分もあっただろう。そこで、松下の経営に対する想い、哲学、生き方を取引先に話し、「人と人、会社と会社が惚れ合うよう」努力したという。

赴任から七年後、帰国するが、現地でその挨拶回りをした際、ある代理店の責任者から、

「松下幸之助さんの考え方に共感したからこそ、商売しているんだ」

といわれたという。

日頃の仕事とは一番かけ離れているため、とかく、軽視されがちな理念、その理念の実現を自覚して行動しているかどうか。理念を自分の志に引き寄せ、哲学として集約し、信念を持ってその伝達、行動に努めているか。オフィスの日常の感覚からすると緊急性のなさそうなことこそ緊急なのだ。最も関係なさそうなことこそ、最も関係がある。

打たれたら、もっと出る杭になれ！

社員を採用する際、人員確保とか補強といったりするが、不思議である。それ以上に重要な役目があるではないか。

「社員とは違う価値観や目線で社内を見回し、会社を変えてくれることを会社は期待しているんです」

ホンダ前社長の福井威夫はいう。

新しい時代の生き方、考え方、価値観を体現している若者に、新しい風を吹き込んでほしいのである。生きた外部を会社の中に持ち込んでほしいのだ。

そういうと美しい響きも持つが、実際は生易しいものではない。社内にできあがった既存の価値観とぶつかる。その価値観は、日常の会話にまで滲み込んでいるほど、みんなの体になじんでいる。

入社した社員が新しい時代の空気を浴びて成長し、それをもとに「志」を立て、「信念」を持って行動し、経営理念に沿いながら、やがて「哲学」まで鮮明にしたら、既存の価値観の体現者とぶつかる。その可能性を孕《はら》んでいる。

その信念を貫こうとすれば、早晩ぶつかる。強いのはどっちか。既存の勢力だ。人数の点でも地位の点でもかなわない。だから、矛をおさめるのか。身を挺《てい》して戦うのか。

前者なら、「骨のある凛々《りり》しい奴」となる。後者だと、「我が強くて困る」「指示に従わない」「失敗するくせに、いうことだけは一人前」などと評される。陰口を叩かれる。自分らしさを貫いて業績を上げれば、仲間からも危険視されかねない。出る杭は打たれるのだ。

人間関係はきれいごとではすまされない。嫉妬《しっと》や敵愾《てきがい》心、足の引っ張り合いを避けて通れない。

そこで矛をおさめるということは、そういう心情に配慮したということだ。上司による嫉妬さえありうる。上司はその上司の手前、あるいは同じ地位にある仲間の手前、温便にすませようと、重圧をかけてくることだってある。

それに応じるということは、自分の会社の理念より、上司や先輩、仲間とうまくやっていくことを優先するということだ。

だから、会社を愛し、その理念や哲学に共感しているのなら、それによって不協和音が生じても出る杭になるべきである。「出る杭は打たれるが、もっと出る杭は打たれない」「出続ける杭はしだいに打たれなくなる」。

アサヒビールの樋口廣太郎は、

「理不尽な言いがかりをつけられたら、どんどん喧嘩しろ」

といっている。

イトーヨーカ堂で鈴木敏文が人事を担当していた時だ。確か部長だったはずだ。鈴木はしょっちゅう、営業へ出向き、営業の問題点について、どうすれば解決するか話し合った。

ふつうの感覚からすれば越権行為だ。厚かましい、無神経と見られるだろう。「自分を何様だと思っているんだ」とか。ましてや、営業の経験はゼロに等しい。途中入社した当初、売場に立ったが、芳《かんば》しい結果が出ていない。

それなのになぜ営業に足を運んだのか。人事部として社員をできるだけ厚遇したい。そのためには収益を上げなくてはならない。だから、他の部署だからこそ見える目で話し合ったりアドバイスした。トータルな視点で優先順位を考え実行したのだ。

社長の伊藤雅俊は、そうした鈴木の言動を見て取締役に抜擢する。

■愛社精神があってこそ忠誠心が生きる

社長は社員をよく見ている。それで、「この人間に任せてよいかどうか」を判断する。その判断の基準は「二つの信頼」からなる。その二つとは責任感と愛社精神だ。

取締役になる人間には、「任されたことを時には命がけでやるくらいの真摯で誠実な姿勢」はもちろんのこと、「部下のやったことの責任もとれる」器量の大きさも必要である。また、「自分の責任の下に自分の仕事を遂行する」主体性も求められる。

受け身でやると仕事に使われてしまう。与えられた仕事でも、自分の仕事として遂行することだ。

「お金をもらっているから、やる仕事」と「自分がやらなければならないという使命感に燃えた仕事」とでは、「責任感の深さ」が違う。前者はサラリーマン根性で仕事をするということである。

「取締役だ、経営者だといっても、ほかにも取締役がいるし、常務や専務、社長がいる。最終的には社長の責任なんだ」と、責任者としての自覚のない人間は取締役になれない。「オレがやらなければ誰がやる」という強い自覚が求められる。社長はそういう人間を見極めていて、「こいつと一緒にやっていきたい」と考える。

もう一つの「愛社精神」は古めかしく感じるかもしれない。確かに口に出して表現すると、そのきらいはある。だが、いまでもその精神は滔々《とうとう》と流れている。企業理念への共感、共鳴といった別なカタチをとっていることが多い。

それぞれ人格や個性を持っている人間が集まって組織を形成し、運営していくうえで、その集団をまとめる価値観や目的が必要である。タガといっていいかもしれない。

それを以前からの言い方でいえば「愛社精神」や「忠誠心」となる。それは自分の会社に誇りを持つことでもある。「会社の悪口をいわれたら黙っているな」と社員を鼓舞した樋口廣太郎の想いは、このことを表している。

経営のトップが取締役にすべきかどうか決める際、そういった姿勢のあるなし、強弱を秤《はかり》にかけるのは、「責任者が会社と一体感を持っている」ことが経営では大切だからである。

「会社と一体感を持つ」ことは、個々人から最大限の努力と責任感を引き出す。一般的に人間は自分勝手なものだが、自分にとって大事なもの、愛するもののためには献身をいとわない。その永遠の幸福と発展を深く願う。

その「忠誠心」はトップに対する「忠誠心」にもつながる。ただ、それのみだと、トップしだいでは、「愛社精神を履き違えた決定」にも従いかねない。理念に裏打ちされた「愛社精神」があってこそ、「忠誠心」が正しく働く。

つまり、「忠誠心」とは「経営理念」や「哲学」に対する「忠誠心」である。その「理念」や「哲学」は世のため人のために役立つ、貢献することを謳《うた》っているから、お客さまに対する「忠誠心」ということもできる。

石川島播磨重工業、東芝の社長、経団連、行革審、臨調の会長などを務めた土光敏夫の自宅を作家の城山三郎が訪れたことがある。すると訪問前に知人から、「あそこの家へ行ったら廊下をどかどか歩かないで下さい」と釘をさされたという。家が古くて床が抜け落ちかねないという理由だった。また、ご飯を出されても、出るのは目刺しと漬物だけだから、聞かれたら断っていいともアドバイスを受ける。

行ってみると、いろんなものがおいてあって玄関から入れない。縁側から土光さんが「こっちこっち」と手招きし、そこから入った。部屋には贅沢という理由でエアコンもない。ただし、玄関横に鉄の棒を組んであり太陽熱温水器がおいてある。ふつう屋根に設置するのになぜか。家が古すぎて屋根が抜けるからだという。これほど会社のため、世のため、人のために忠誠心を発揮し、私利私欲を一〇〇パーセント洗い流した人はいない。

いったん権力を握ってそのうま味を知ってしまうと、その座に汲々としがちである。それが人間の業《ごう》かもしれない。それを裁《た》ち切るのが本当の経営者だ。私利私欲より会社、会社より社会への貢献を優先すべきだからである。

デジタルハリウッドは、ＩＴ分野のクリエーターを養成する専門学校である。創業者で学校長を務める杉山知之は、一時、社長に就任していたことがある。しかし、ＩＴバブルが弾けると苦窮に陥った。それで再建には自分の経営能力では無理と判断し、一緒に会社として立ち上げた仲間の取締役に自ら社長の座を譲る。自分がやりたかったことは経営ではなく教育だった、と原点に回帰する。これも愛社精神の表われだ。

体も頭もタフであれ！

■タフでないと務まらない仕事

「○○は見所がある。取締役が似つかわしい」と合格点をもらっても、最後の最後で抜擢されなかったら、そのショックは計りしれない。

タフかどうかという点も、その決め手の一つだ。「頭も体もタフな人材」かどうかということである。

キヤノンの御手洗冨士夫が、

「私は毎日が決断の連続です」

と語るように、取締役になると責任が重く、毎日、「大事」に直面している。ちょっと油断したり気を抜いたりすると、会社を暴風雨に曝《さら》しかねない。しかも、何より日々変革が求められている時代だ。的確な判断を下すため経済の血液ともいうべき情報の収集、分析も外せない。

ドラッグストアのマツモトキヨシは、創業者である松本清の名をそのまま店名にしたものだ。長男の和那《かずな》、二男の南海雄《なみお》が跡を嗣《つ》いでトップのチェーンにしてきた。二人は、「前例がなければ、前例をつくれ」と、それまでの店づくりを一変した。「万引きしたくなるような開放感のある店づくり」を標榜し、実践した。出入口からドアをすべて取り払う。見やすく触れやすく、手に取りやすい陳列を心がけた。

精神的にタフでないと、こんな公言はできないし実践できない。万引きを云々という表現に警察とPTAが目鯨を立て、その言い方を変えて謝罪するよう求めた。だが、怯《ひる》むことなく続行、結局、他社も模倣し、いまやドラッグストアの店づくりの基本パターンになっている。

シビアな状況に負けないタフさも併せ持っているか。それも問われている。

餃子の王将は外食産業が低迷している中で、既存店売上げを含め業績を伸ばしているが、大東《おおひがし》隆行が王将フードサービスの社長になった段階では火の車だった。

そういう状況下で大東は銀行を説得、融資を受けリストラしなかった。それどころか、社員の給料を増やしたのである。よほど腹が据わっていないとこうはできない。社員を幸せにしたいという熱い想いもあったはずだ。

銀行から融資を受けるには、具体的な数字を早急に提出しなければならない。大東や専務の鈴木和久は、一週間、不眠不休で再建計画を練り上げた。しかし、会社に布団がない。そこで倉庫から段ボールを持ち出して床に敷き、お歳暮でもらった毛布を体に巻いて寝た。それでも寒かったという。営業については、「美味《おい》しくて安くて早い」という王将の原点に戻って再出発し、再起する。

社長をはじめ役員は、幹部候補の日頃の言動を見ている。

たとえば、日本電産の永守重信は、

「風邪くらいで休むようでは、取締役は務まらない」

と檄《げき》を飛ばす。永守はそれを率先垂範している。年中無休、早朝から夜遅くまで仕事をしているが、「四〇度に近い熱でも休まず必死に会社に来る幹部」を例に、

「そういう人間が信頼を得るのだ」

と語る。ひ弱では激務とプレッシャーが待つ取締役の椅子は遠い。

■コミュニケーションというキーワード

社会が多様化する中で、リーダーの条件も、「これさえ満たせばＯＫ」という単純なものではなくなってきた。ビジネスに平穏な時などないと語る、ユニ・チャーム会長の高原慶一朗は、リーダーの資質として幅広く七つあげている。

- ●目標思考力（ビジョンを持つこと）
- ●方法発見力（戦略や戦術である）
- ●組織能力（組織を束ねられなくてはリーダーといえない）
- ●伝達能力（コミュニケーション能力）
- ●動機づけ能力（いかにやる気を起こさせられるかということ）
- ●育成能力（後継者を育てるのがリーダーの仕事である）
- ●自己革新能力（現状を打破してレベルアップする力）

これらすべてを兼ね備えれば、「トップの資質あり」ということになる。取締役だったら、大半の能力を身につけていなければならない。

目がいっても、やりすごしてしまいかねない項目がある。たとえば伝達能力だ。これは理念や哲学を社員に伝える力だけではない。営業や提携で目的を達成するためのコミユニケーションも含む。

いざという時、活路を開くのは精神的なタフさである。先方にまず電話で交渉したところ、その段階で断られたとしよう。

断られたので次に進みづらい。それではダメだと丸紅社長の朝田照男はいう。とにかく自分で足を運び、面と向かって情熱を傾けて話す。

「思い切って相手の懐に飛び込めば、活路は開ける」

と、自らの体験にかんがみて話す。

よく「営業は断られた時から始まる」というが、どれくらいの人が実践しているだろう。断られても行くというのは、タフでないとできない。相手は見るからに不機嫌になったり、渋面をつくっているのだ。厚かましいとも思う。

それで行かなくなったら、いま現在の状況を受け身で容認したということになる。提案していることが相手先にとってもプラスになるという確信があるなら、「茨《いばら》の道や地獄の思いのするプロセス」でも進まなくてはならない。それも楽しむタフさを持つリーダーさえいる。目的をクリアした時の達成感、充実感はなにものにも代えがたい。相手も様変わりし、温かく拍手してくれる。

最近は経営がグローバル化しているので、国際舞台におけるコミュニケーションも活発になっている。

ところが、日本人は自らの意思で積極的に主張することが苦手だ。少なくとも、相対的にこれはいえる。日本流のやり方が通じない。NEC社長の矢野薫は、ブロークン・イングリッシュをコモンランゲージと決め、臆せず国際会議でも発言しているという。

富士ゼロックス社長の山本忠人《ただひと》も入社六年目、二七歳の時、アメリカのゼロックス社、イギリスのランク・ゼロックス社に駐在した経験から、

「いわゆる『以心伝心』は成り立たない。とにかくコミュニケーションを取ることを心がけました」

という。ノミやガラスの心臓はもちろん、ふつうの心臓でもダメ。強靭な心臓を持っているかどうかが、取締役になれるかどうかの分かれ道になる。

野太さに基づく楽天主義であれ！

仕事をしていれば、ストレスを感じるのが当たり前である。地位が上がればなおさらだ。取締役になれば、いろんな重圧がかかってくる。日々決断ということは、日々重圧

がかかるということだ。

二〇〇九年、NHKの大河ドラマ「天地人」で上杉家の重臣、直江兼続が取り上げられた。兜の飾り（前立）に「愛」を掲げた異色の武将だ。新潟県六日町（現南魚沼市）出身で、妻のお船は長岡市の与板出身である。

その地元に近い越路町で「ヨネックス」を創業した米山稔の長男、勉は、「物事を判断する時に、正しいか間違っているかは決まっていない。最終的に成功させれば、その判断は正しい」といっている。しかし、成功させるまでの重圧は底知れない。

ストレスで不眠になったり、薬に頼って集中力がなくなったり、精神が弛緩《しかん》したりする。それをはね返す強さが要求されるのだ。

日本人は諸外国の人々に比べ、どうも神経質で繊細のようだ。飛行機に乗って、温度を気にして「暑い」「寒い」とやたら敏感なのは日本人だという。発展途上国で、他の旅行者と同じ食べ物を口にして腹をこわすのも、日本人が多いそうだ。最近は除菌ブームから消臭ブームになっている。

とかく線が細い、ひ弱と見られがちな日本人だが、実業の世界で伝説的な傑物が何人かいる。トヨタ自動車販売でクルマを売りまくり、「販売の神様」と呼ばれた故神谷正太郎も、その一人である。

神谷は三井物産入社後、ロンドンに渡り独立、しかし、折りしも世界大恐慌に見舞われ挫折し、帰国する羽目になった。その船中、これからについて考えると不安がよぎったものの、「なんとかなるさ」と楽観し、久し振りの船旅を楽しんだという。野太さに基づく楽天主義によってタフになれる典型的な例といえよう。

上司に怒鳴られたり叱られて、シュンとなって萎縮するようでは、重責の取締役になるにはほど遠い。いまコーチングばやりだが、それ以上に大切なのは、本気かどうかである。本気で叱り、本気で育てようとしているかどうかなのだ。ましてや、社長や役員に接する機会が増えれば、怒声を浴びることも増える。

ホンダの二代目社長の河島喜好は、本田宗一郎に金槌などいろんな道具を振り上げられながら追い回され、しょっちゅう撲られたという。そのため、さすがの河島も胃潰瘍になったそうだ。これでは河島でなくてもそうなる。

MKといえばタクシーというほど、MKタクシーは名前が知られている。料金がほかより安い、ホテルのドアマンのようにドアの開け閉めを、お客より速く降り、遅く乗って行なっている。挨拶も心を込めて行なうといったことで、タクシー業界不況の中、好業績を上げている。

それだけではない。クレームへの対応も徹底している。匿名だと回答しようがない。そこで手紙の文面、お詫びの言葉、名乗り出てほしいという呼びかけを記した看板を道に立て、交代で運転手をそこに立たせる。お客さまが名乗り出て謝罪できるまで何ヵ月でもやめない。「こんなのタクシー運転手の仕事じゃない」「恥ずかしい」「みっともない」「やってられない」と辞めていったらどうだろう。リーダーになる人間は、そういうストレスを乗り越えているのだ。

体を鍛え健康管理を心がける

ストレスに負けないためには体力が必要である。帝人元会長の安居祥策《しょうさく》はリーダーの条件として、まず「大きな方向性を出せること」をあげ、次に「決断して実行する力」、そして「健康」をあげている。リーダーの仕事を肉体労働と考えているからだ。頭を汗を流すほど使えば、大量のエネルギーを使う。その意味で思考力も肉体労働といえる。

そして、最後に「明るい性格」と「語学力」に言及している。

「健康管理」は取締役レースに勝ち残るための必須アイテムだ。戦国時代の名将、甲斐の武田信玄は、晩年、天下統一を目指し、東海道を西に進む。さすがに名将の誉れが高いだけのことはある。向かうところ敵なしで、三方ヶ原では当時まだ若かった徳川家康を破った。家康は逃げる途中、恐怖のあまり馬上で粗相をしたと伝えられている。

あと残るは織田信長との決戦というところで、急に武田軍は大挙して引き返す。信玄が志半ばで病に倒れ、急逝したのである。この有名な史実は、「どんなすぐれた人間でも、健康を害してしまったらただの人になり、リーダーの責務を果たせない」という教訓を物語っている。若い時なら病気しても再起できるが、取締役レースに加わった段階だと復帰するのはむずかしい。健康に不安のある人物を、多忙を極める取締役に就かせるわけにいかないからだ。本人のためでもある。

「一病息災」といって、ふだんから体の弱い人は、人一倍、健康に気を配る。逆に、丈夫で風邪を引かない、頑健だというと健康管理を疎かにしがちである。それで、急に倒れ、それが大病だったりする。元気なぶん、病気の進行が表に現われず、内部で体を蝕《むしば》み、突然、命を落とす。

仕事ができる人ほど、病気という落とし穴に陥りやすい。責任感があるから体調不良をおして会社に出てくる。長時間、仕事をする。また、それくらいでないと信頼や人望を得ることができない。

最近、タバコをやめる経営者が増えた。肉食を減らし、魚や野菜食を中心にするなど、食生活に気を遣ってもいる。禁煙やダイエットは取締役候補の必須条件になっているのかもしれない。一六一六年に没した徳川家康は、当時にしてはめずらしく長寿で七五（満七三）歳まで生きている。七〇代の最晩年に二〇万人の大軍を動員し、大坂冬の陣、夏の陣を戦い、豊臣家を滅亡に追い込んでいる。ふだんから、徹底して養生を心がけたからできたことだ。食事摂取に気をつけたのはもちろん、戦場に出かける時にはマッサージのうまい側室を同行させたという。

もし体が弱かったら鍛えればいい。現に運動を心がけているトップは多い。三越元社長の中村胤夫《たねお》やシチズンホールディングス元社長の梅原誠は、朝早く起きて散歩を日課にしている。新日鉱ホールディングス社長の高萩光紀はウォーキングを続けている。JTB会長の佐々木隆や商船三井元会長の生田正治は一日一万歩を歩く。セブン-イレブン・ジャパン前社長の山口俊郎は一万二〇〇〇歩を日課とし、週末は二時間歩くという。ユニ・チャーム会長の高原慶一朗は一駅ぶん歩き、東レ社長の榊原定征《さだゆき》はルームランナーで汗をかいている。東芝元会長の西室泰三はハードで、毎日腕立て伏せ一五〇回、青竹踏み一〇〇〇歩をこなしている。ストレッチやラジオ体操を欠かさない経営者もいる。

ソニーの盛田昭夫は五五歳を過ぎてから、テニスを始め、六〇歳になってからスキーに挑戦した。オリエンタルランド会長の加賀見俊夫は土曜日が半どんだった頃、仕事のあと、茅ヶ崎まで泳ぎに行ったという。また、海外出張の時は海水パンツも持ち出し、海の近くで仕事があると泳ぎに出かけている。ハワイや地中海でも、出張中に泳いだという。

ニコン社長の苅谷道郎は閑職に追いやられた時期、海外から材料を取り寄せヨットづくりに精を出し、そのヨットで全国選手権に出て二位に入った。こうなるとプロ級だ。こういった気晴らしが上手にできることも大切である。

公平に〝透明性〟を保てば心強い

日産を急回復させたカルロス・ゴーンは、リーダーの条件はたくさんあるとしつつ、中でも重要なものとして三つあげている。

第一が「戦略マインド」を持つことだ。会社の現状を把握し、長期戦略を立て、中期的な戦術を練る能力だ。行き先を決めなければクルマは走れないということである。

二番目は「業績主義」である。素晴らしいビジョンや戦略も結果を出してこそ説得力を持つ。

そして、三つ目が「透明性」である。考え方や行動を明快にする。責任の所在を明らかにしておく。失敗を隠さず、怠ることがあれば反省する。

ゴーンは次のようにいっている。

「透明性は社内に対しても、社員の信頼を獲得するという意味で重要だ」

反対にその高潔なリーダーシップを失うと、自分や会社の存亡を左右しかねない。一〇億ドルもの簿外債務を隠す不正会計がばれて崩壊し、世界にショックを与えた米国エネルギー大手エンロンの例を待つまでもない。

対岸の出来事といっていられない。わが国でもここ一〇年前後で、雪印乳業、雪印食品、日本ハム、不二家、船場吉兆、赤福などが食品偽装をしていたことが明らかになり、信頼していたファンをガッカリさせている。中小企業を入れたら大幅に増える。

最近でいえば、福知山線で脱線事故を起こしたＪＲ西日本が、外部調査委員会の委員と報告書をまとめる前に密かに接触したことが露顕し、問題になった。

ずる賢く生きようとすれば、周りにずる賢い人間が集まる。安直に世渡りすれば、安直に世渡りする人間が集まる。頭も尻も隠しているつもりでも、それは通常の生き方とは違う姿勢にならざるをえない。オーソドックスに生きる人間に見破られる。最も強いのはオーソドックスであることだ。

明治の大実業家である渋沢栄一は、生涯で五〇〇以上の会社を設立したという。その渋沢もオーソドックスな生き方を貫いた一人だ。自分の意見をどう思うか、関係者の話によく耳を傾け、議論を尽くした。反対意見ともつき合わせることによって、自分の意見を鍛えたのである。若い時、家出を決意したが、家を出る前に父と意見を闘わせ、気がついたら夜が明けていたという。

ワコールの創業者である故塚本幸一は、

「役員を選ぶのに科学的手法はない。しかし、絶対に入れてならないのが個人的な好みだと思う。自分のまわりにイエスマンが多くなってしまうからだ。『親しむべき、馴れるべからず』が私の信条だ」

といっている。おべっかやゴマすりで上へ行けるほど組織は甘くない。そういう人間を周りに集めるような人間に、公平さや透明性は期待できない。

家庭をどうつくっているか

■心から信頼しあっている家庭であるか

「そんなことが取締役になれるかどうかの決め手になるの？」と意外の感に打たれるはずだ。その決め手とは、「家族」「家庭」である。選ばれるのか選ばれないのか、その境界線上にいる、瀬戸際にいると思っている候補者は呆然とするかもしれない。いま一つ納得できず、憮然とするかもしれない。

しかし、よく考えてみてほしい。重要なポストに就けば就くほど、「家庭」の協力が必要になる。平社員であればマイホームパパでいられるかもしれないが、部長や取締役ともなれば、仕事と家庭は切り離せないものになってくる。

仕事を家に持ち込まないといっても、責任が大きく重くなれば、夜一〇時、一一時まで会社で仕事をする、気がつくと一二時になっている、時には会社で徹夜する、仮眠する、近くのホテルや旅館に泊まる、といったことが避けられない。休日出勤もある。金融業界やグローバル企業であれば、時間を問わず、夜中でも家にまで連絡が入る。

それを夫婦の間に割って入る侵入者と見るような妻だと、夫婦円満といかない。妻の気持ちがささくれ立つ、夫の態度しだいでは、その言動の一つひとつに苛立ちかねない。

要するに妻が、「夫の仕事に理解を示している」かどうかが問われているのだ。夫も「オレが多忙を極めているのは、家族に幸せになってほしいからじゃないか。なんでそれが分からないんだ」と妻に腹を立てていてはダメということだ。

忙しくて妻や子供たちとゆっくりできないぶん、「ふつう以上に愛情を注ぎ」「いとおしむ」ことが重要である。顔を合わせて話したり、一緒に遊ぶ時間が短くて限られるぶん、それだけ濃密に接し大切にしてあげなくてはならない。

会社で自分が何をしているのか、何を実現しようとしているのか、社会にどう貢献しようとし、実践しているのか、そのポイントを伝え、理解を得ているのか。若い頃から世のため人のために働いているが、妻や子供たちはそうした自分の「良き理解者」、「協力者」だという想いを伝えておくことだ。

ＪＲ東日本社長の清野智《さとし》は結婚して四年目か五年目の頃、妻に「様子がおかしいと感じたら、病院へ連れていってくれ」と話したという。入社して一〇年が過ぎる頃で、国鉄の民営化の議論が沸騰、そんな頃、経営企画室に異動になり、国会答弁や再建計画づくりに追われ、来る日も来る日も修正や練り直しをしていた。周りは優秀な人ばかりで、そのプレッシャーも感じていたのだろう、と述懐している。

武田薬品工業社長の長谷川閑史《やすちか》は、二九歳で結婚したが、その時、妻に「課長にはなるだろう」「海外勤務はないだろう」と話したという。ところが、海外勤務は一五年、社長にもなった。それで妻に、「嘘だったのね」と、いまだにいわれているそうだ。つまり、妻は長谷川の仕事に理解を示しているのである。

仮に仕事は家庭に持ち込まないにしても、家で勉強することも少なくない。仕事に必要な能力を身につけようとすれば勢いそうなる。

日本マクドナルドの原田泳幸もその一人だ。原田はまずエンジニアとしてスタートし、三〇歳で外資系の会社に転職した。当然、英語を身につけなければならない。ＴＯＥＦＬの対策本を買ったのはいうまでもない。ポストイットに単語を書き、ベッドや廊下、トイレの壁にまで貼りつけて暗記した。家族にとっては迷惑だったはずだ。帰宅すると家族がポストイットの位置を変えていたりするので、また確認し、食事中もひたすら英語のテープを聞いていたという。家族がよほど理解してくれないと、ギスギスし離婚という事態になりかねない。

離婚したから取締役になる可能性が狭まるわけではないが、その理由が問われる。

いずれにしても、車を運転している時は英語で実況中継をしていたというから凄い。

ちなみに妻はシンガーソングライターの谷村有美である。原田の趣味はジャズドラムで、いまでも練習を欠かさないという。バンドではプロのミュージシャンとも共演する腕だ。奥さんとはそこで知り合った仲である。

仕事に対する理解や男の付き合いに理解があれば、夫婦のあり様は十人十色だから関係ない。奔放三昧に生きた本田宗一郎は、次のようにいっている。

「長年一緒に暮らして、女房にしてみりゃ、嫌なことが随分あったと思うんですよ。しかし、それは私と女房の間で、自然に理屈なしに解消できるもんなんですね。理屈があって解消できないのが、他人なんですよ」

■子供と向き合って育てているか

ある企業は、「課長へ昇進する時に本人に面接する」「部長になる時に妻と面接する」「役員にする時は子供を見る」という。

取締役の職を務めるには、妻の協力だけでなく、家庭がしっかりしていなければならない。家庭が不安定では仕事に集中できない。集中力を欠いたら、取締役の仕事はこなせない。だから家庭に不和があるようだと、取締役にできないということである。

また、取締役は会社だけでなく、社員の未来も担っている。会社という「運命共同体」のリーダーである。そのリーダーがより小さな「家庭という運命共同体」で妻の協力を得、我が子をキチンと育てられないで、会社の経営をやっていけるはずがない。

妻や子に一方的に上から目線で接する。会社で生じた怒りや不平不満を家で爆発させる、ネチネチこぼす、愛情よりも成績で一喜一憂する、会社で周りに気をつかうぶん、家でもろに自己中心的に振る舞う、子供の教育は妻任せ、放任主義という名で責任を回避する、子供と向き合って問題点を明らかにし、いやがることでも伝えて諭《さと》す必要があるのに、のびのびに先延ばしする。

これでは子供の心が蝕まれていく。妻の心も冷えていく。家庭が荒れる。

会社には実現すべき理念やビジョンがあり、それを実現していくための方針や戦略があるように、子供をどう教育し、正しくないことをしたらどう接するか、明確にしておかなければ、子供自身、何が良くて何が悪いのか学ぶことができない。そのため、自己中心的な欲求だけが肥大していく。

子供は大人ではない。しかし、子供という一人前の存在なのだ。ただ、経験が極端に少ないだけである。自分が痛い思いをしたり、辛い思いをすることによって、初めて他人の痛みや辛い思いを想像できるようになる。

それを「可哀想だから」と子供に痛みや辛さを与えないようにしたらどうだろう。子供が本来持っている思いやりが育たない。減退し、かわりに小さな独裁者になっていく。学校や社会に出て規律や倫理、上下関係などによって思い通りにならないと、いじめをしたり短絡的な行動に出たりする。

会社で自分なりの「志」を持ち、「哲学」を核にして「信念」を貫こうとするように、家でも小さくてささやかでいいから、家庭としての「志」「信念」「哲学」を持って暮らしているかどうかということだ。そんな大袈裟でなくても、「明るい家庭をつくりたい」、「子供を健やかな人間に育てたい」といったことでいい。そういったことに、時間がないからと逃げたりせず、向き合っているかどうかが問われている。

「子は親の鑑《かがみ》」というではないか。会社では真面目で勤勉で思いやりがあるように思えても、その家庭を見ると荒れていて、自分勝手な子供が育っている、ということもある。

そうすると、その人の本質が透けて見えてくる。それでは取締役として会社や社員のこれからを託せないと判断される。

取締役という要件において、「家庭」や「家族」が最終的な決め手になる可能性は極めて高いということを忘れないでほしい。

第4章

こんなに変わった！ 取締役に求められる人間性

——こんな取締役に人はついてくる

仕事を通して〝個性〟を高めているか

■日々の言動も自然体がいい

情報システムを構築する。あるいは仕事の仕組みをつくる。最新の技術を駆使し、そのぶん、使いやすくする。それなのにうまく稼動しない。「つまるところ人だよね」となる。

組織にもこれはいえる。行きつくところ「人」である。仕事に対する「情熱」や「意欲」「向上心」「技術力」「謙虚さ」「アクティブな挑戦」の有無、その程度、日常の言動にまで浸透しているかどうかといったことだ。

「取締役」となれば、それ以上に「人」が問われる。それは人間としての総和、器量である。社長はじめ役員は会社の将来を担っている。その将来を決めるのはいまである。しかし、どんなにデータを活用しても資料を読み込んでも、それは過去を分析したことにしかならない。どんなに高度であっても、過去の分析が高度になるに過ぎない。

基準の取り方、ウエイトの置き方で分析結果が大きく違ってくる。玉石混淆《ぎょくせきこんこう》であり、今後、玉が石に石が玉になりうる。

一方、マーケットの動きはさまざまな要因が混じった総和であり、その総和に対峙《たいじ》して、これからの変化の本質を掴む、あるいは下から上がってきた提言から本質を読みとって決断し実行するには、総和としての人間性を総動員して対応しなければならない。五感をフル活用して、人間としての器を大きくしてきた者だけが過《あやま》たずに「第六感」を働かせることができる。

巨木はそのぶん、土の中に広く深く根を張っている。こんなところまでと驚くほど遠くに根の先端があったりする。それを人間におき換えてもいい。目に見えないところで、思いがけないところまで情報のネットワークを持っていたり、人脈が広がっていたりする。その人の想いが、周りの人たちの心の中にまで根を張っている。

京セラの稲盛和夫は、自らの考えを京セラフィロソフィーとしてまとめているが、

「たとえ技術者であっても人間性で技術の質が決まる」

と強調している。ホンダの本田宗一郎は、

「技術者である前に、思想家であれ」

といっている。

その総和としての人間性が大きい人は、不思議と誠実で自然体である。日々の言動にもそれが出ている。肩肘張ったところがない。器が大きくなることによって、どっしりとし、安定感が増す。

長州の桂小五郎（後に木戸孝允《たかよし》）や土佐出身の坂本龍馬らは、剣の名手であった。桂は江戸三大道場の一つ、斎藤弥九郎の練兵館、坂本は千葉周作の弟である定吉の桶町千葉道場で塾頭を務めている。桂は神道無念流、坂本は北辰一刀流の免許皆伝である。しかし、ふだん剣を使わなかった。

それより国や藩の一大事をどうしていくか、そのほうが比較にならないほど重かったのである。彼らに限らず、当時、一流といわれた人物はすべてそうだ。これは剣だけではない。

長岡藩家老で藩政を改革、財政を建て直し、その頃、技術の先端をゆくガトリング砲などを購入し、軍制を近代化した河井継之助もそうである（戊辰戦争でいったん官軍を破るが最終的に敗北する）。

河井は若い頃、人にあまり頭を下げたことがなく、傲岸《ごうがん》といわれていたが、江戸遊学の後、備中松山藩（現・岡山県高梁《たかはし》市）家老の山田方谷《ほうこく》を訪ね、その下について勉学、分かれる際、方谷に向かって土下座し、感謝の念を表したという。

方谷は貧窮する藩の財政を、領内でとれる砂鉄から鍬をつくらせたり、たばこやお茶、和紙などを専売制にするなどして立て直した人物だ。その方谷に河井は、

「あなたは三井や鴻池の番頭になっても務まる方だ」

と伝えた。実質的には商人の力が強くなっていたとはいえ、士農工商が厳然として存在していた時代である。しかし、時代を動かしているのは経済であり、それを商人が牽引していることを知っていたからにほかならない。

傲岸といわれた河井だが、尊敬できる人物には、それだけの敬意を自然なカタチで払ったのである。

等身大の自分を見せて飾らない

自然であるということは、等身大の自分を見せて飾り立てないことだ。

生きて行くうえでの価値基準に優先順位をキチンとつけているからである。経営理念を自分の身に引きつけてカタチにした「哲学」、それをより具体的にした「ビジョン」

を重視し、その実現を最優先しているからである。

一方でものごとの「本質」に「心」を重ね、本質に焦点を合わせて言動を展開している。ものごとの本質は「シンプル」である。すぐれた経営者の言動もシンプルになる。ものごとの本質が「多様性を統合」したうえでのシンプルさであるように、そういった経営者の言動も「多様化を統合したシンプルさ」である。

ニコン社長の苅谷道郎は、次のようにいっている。

「私は徹底して考えることを重視しています。世の中、原理原則に当てはまらないことが起きるのは確か。しかし、原理原則をきっちり押さえることが大事で、それに即して徹底して考え抜く。よくしたもので、原理原則に反したものは長続きしませんよ」

等身大の自分より大きく見せようとする、飾ろうとするということは、自分に自信のない証《あかし》である。青春時代にとかくそうなりやすいのは、自己をまだ確立できず不安定だからだ。また、この年代はそれが生きるうえで最重要課題だからである。

等身大の自分を見せて飾り立てないとは、人間として開放的ということでもある。

たとえば、稲盛和夫は私利私欲を強く戒めているが、

「偉そうなことをいっている私でも、エゴと良心のせめぎ合いの中で生きているだけに、

ちょっと油断しただけでも、エゴが心の中に充満してしまうのです」

と吐露している。人間としての大きい器量とか本質に心を重ねて経営し続けるために、常に自分と葛藤し闘っているのだ。

大企業の経営者なのに子供っぽすぎないか、と思われるようなことでも平然と公言する。オリエンタルランド会長兼CEOである加賀見俊夫は、新幹線に乗る時は必ず富士山の見える窓側に席をとるという。東京の高速道路からは夕陽に映える富士山がよく見えるともいっている。飛行機に乗る時はどうなのだろう。おそらく同じではないか。

じつは私もそうなので心強い。ある秋のこと、夕方、富山空港から帰京する際、上空にのぼって以降、羽田まで右手にずっと富士山が見えていた。あの光景はいまも脳裏に焼きついている。

稲盛や加賀見のような自然体でいると、チャンスを運に変える確率も高くなる。

樋口廣太郎のエピソードを紹介しよう。樋口は京都生まれ。彦根の旧経済専門学校を出て銀行に務めていた。その頃、もっと本格的に勉強したい、進学したいと願っていたが、専門学校卒では受験資格がないと思い込んでいた。そんな時、同窓の友人が遊びにきた。「京都大学に入るため勉強中」だという友人の話で、専門学校卒でも受験できることが分かった。

だが、すでに願書の受付は終わっていることが分かる。しかし、どうしても諦めきれない。翌日、京大の事務局に行ってみたが、募集が過ぎてしまっていたことはいうまでもない。いくら懇願しても相手にしてもらえない。

ところが、その事務局の職員に顔見知りがいるのに気づく。その頃、樋口の家は布団を扱っていたが、その職員はお客の一人だったのだ。挨拶すると、その職員も樋口に気づき、「どうした」と聞いてくれた。それまでの顛末を話すと、「まだなんとかなるだろう」といってくれるではないか。それで受験でき、合格する。樋口は、

「この幸運がなければ、自分の人生はまったく違っていたはず」

と語っている。それはその職員が樋口に好感を持っていたからこそ動いてくれたのである。樋口が若い頃からあけっ広げで、自分を繕《つくろ》ったりしない人間だったからに違いない。単なる顔見知りではこうはいかなかっただろう。

人に好かれるリーダーの典型として、経団連会長を務めた新日鉄の故斎藤英四郎も忘れてはならない。経団連会長に就任する前から、「前会長に比べて頼りない」「できる人ではない」などと露骨にいわれたが、結局、その要職を二期務めている。その大柄でお

っとりした風貌で自然体であることが、人を魅きつけたのである。

日産のカルロス・ゴーンはその正反対で、極めて積極的でタフな印象を受けるが、それが嫌味にならないのは、それがゴーンの人柄として自然で、明るく温かくもあるからだろう。

極めつけは前漢を建国した初代皇帝の高祖・劉邦だ。ライバルの項羽は名門出身で強力なチカラを有していたのに対し、劉邦は農民出身で微力だった。しかも、戦さ下手でよく負けた。現代でいえば、「セールスさせても成績が上がらない」「事務能力もない」「かといって技術もない」、落ちこぼれだった。

項羽にも連戦連敗で目も当てられない状況、部下や兵士がくもの子を散らすように逃げて当然なのに、集合離散はあったものの、むしろ、ついてくる者が増えたのである。有能な家臣も増え、項羽の重臣さえ家臣になっている。そして、乾坤一擲《けんこんいってき》の勝負で劉邦が勝ち、覇権を握ったのである。人間の器量がいかに戦いを左右するか、その歴史上の代表例といっていい。

個性を仕事の仕方にまで高める

人間性は「生き方」や「考え方」、「志」や「哲学」に彩《いろど》られることによって初めて、その人の個性になるのだろう。人間としての器量がその人の「個性」によって画龍点睛《がりょうてんせい》になる。そして、取締役になるような人は、その個性を創造にまで高めている。

一介の油商人から美濃の戦国大名になった斎藤道三は下克上を身をもって示し、蝮《まむし》の道三といわれた。自ら仕官してつかえた君主を謀殺したといわれている。

その一方で、楽一楽座を我が国で初めて採用する。特権を持つ商人だけが商売できるという制度を改めた。つまり、戦国時代に規制緩和を図っている。

また、庸兵制度も初めて導入している。それまでの戦国大名はどうだったのか。自分の所領を持つ豪族に出陣を命令する。すると豪族はふだん田畑を耕している配下に号令をかけて駆り集め、自前の食糧や武器を持って大名の下へ駆けつけ、戦場に向かう。

道三は、その豪族や兵を城下に集めて住まわせ庸兵化している。織田信長はその道三の兵学や兵制を継承し、より明確にしたのである。

豊臣秀吉が刀狩りをしたのは、そうした兵農分離を徹底させるためだ。その秀吉も戦い方において独自性を貫いている。一つは戦う前に敵をおとす調略《ちょうりゃく》であり、一つは城攻めである。鳥取城や小田原城を攻める時は相手より高い櫓《やぐら》を築いて、城内を眼下におさめて一望できるようにしている。また、高松城を攻める際には大がかりな堰《せき》をつくり、巨大な湖をつくって城を湖中で孤立させている。つまり、土木技術を駆使したのである。

個人戦を集団で展開するというのが当時の戦争だった。その常識をいとも簡単に変えてみせたのである。

セイコーエプソン元会長の草間三郎は、商品企画部で時計のデザインに携わっていたことがある。デザインの感性やトレンドを知るため、デザイナーの大内順子や山本耀司《ようじ》らと交流、雑誌『アンアン』や『ノンノ』の編集長も訪問した。高級時計のユーザーを知るため、高級レストランにも通ったという。

ブレスレットの中に小さな時計を組み込んだデザインの商品を開発した時、社長に反対される。それを押して社長に内緒で走り出した。あとでバレるのは分かり切っている。売れなかったら辞めざるを得ないだろう。

なぜ、それでも販売を強行したのか。売れるという確信があったからだ。夜、バーに行って、そのサンプルを女性に見せ、反応を確かめていた。ニューヨークやフロリダなどアメリカ各地にその見本を持ち込み、事前調査もしておいた。すべて好評だったのである。

伊藤雅俊は、「人は好みによって滅びる」といっているが、これも伊藤ならではの指摘といっていい。一瞬、意表を突くが、考えてみると的確な指摘である。人は好みに対し、のめり込みやすい。客観性を失いかねない。その点をいっているのだ。

また、虫や鳥、魚のように、ものごとに接する大切さを強調している。虫は地面に這《は》いつくばって目の前のものを見る「ミクロの視点」を意味する。鳥は空から地上を俯瞰《ふかん》する「マクロの視点」である。魚は水の流れを読む「トレンドを感じる視点」だ。

まさに伊藤らしさを持ちながら、普遍性も備えている。

丹羽宇一郎は伊藤忠のスローガンとして、「清く正しく美しく」を掲げた。清々しい生き方や倫理観を大切にする丹羽らしい。ふつう、そう考えても気恥ずかしくて口にできない。ましてや会社のスローガンに掲げるなど、頭にさえ浮かばないだろう。丹羽はそれをあっけらかんとやってのけている。

■自分流の仕事の仕方を根づかせる

「すぐれたリーダー」は自分の個性を仕事の仕方にまで高めているだけではない。自分流の仕事の仕方を、いつの間にか根づかせているものだ。日本電産の永守重信は、

「部下の小さな失敗は叱るが、大きな失敗は叱らない」

という。ふつうは逆のように思わないか。しかし、永守は違うという。小さな失敗はいえば直せるし、叱っても後遺症が残らない。大きな失敗は経験を積むことによってしか直らないからだという。一般的には、失敗でどれくらい会社に損失を与えたかで叱る。しかし、永守は失敗した当人の立場に立っている。その差である。

漢の時代に丙吉《へいきつ》という宰相がいた。ある春の日に丙吉が長安の都を車に乗って進んでいると、乱闘騒ぎに出くわす。死人まで出ていた。しかし、丙吉はそのままやり過ごす。しばらく行くと、今度は牛が舌を出し、喘《あえ》ぎながら車を引いているのに出会う。すると丙吉は車を止めさせて、おつきの者に「どれくらいの距離を走らせたのか」尋ねさせたという。

死者まで出ている乱闘騒ぎには目もくれないのに、なぜ、今度は車を止めて訳を尋ねたのか。丙吉によれば、「乱闘騒ぎを取り締まるのは警察の役目であり、宰相はその警察の仕事ぶりを評価すればいい。舌を出して喘いでいる牛の状態を気にしたのは、春とはいえ、暑い馬鹿陽気のせいではないかと心配したからである。「宰相の最も重要な仕事は陰陽の調和を図ることである」ということだった。この時、丙吉は、

「宰相は細事に親しまず」

といったという。上に立つ者は、大所高所からものごとを見て、全体の調和を図るべきである。下に任せるべきことは任せる姿勢がないと、細事の中で大事を見失う。

日本マクドナルドを創業した藤田田《ふじたでん》は、晩年こそ価格戦略で迷走したが、組織や人材育成の仕組みをしっかりつくり上げてきた。

全店あげての接客を中心とした社内コンテスト、店内における接客・サービス、テレビCM、販促キャンペーンなど何をやるにも派手である。アメリカのショービジネスを連想する。そこには藤田の個性も反映している。無邪気で子供っぽいところだ。子供は色鮮やかなもの、派手なもの、多彩なもの、目立つものを好む。そういった性向が見事に出ている。

発祥の地、アメリカの人々も陽気で派手好きだが、アメリカのマック以上に日本のマックのほうが派手ではないか。

それでいながら緻密でもある。キャリアアップのための人材評価表を見せてもらったことがあるが、驚くほど論理的で理にかなっていた。ハンバーガー大学をつくり、社員の育成にもチカラを入れている。社員の誕生日には特別休暇を与え、お祝い金も支給、社長から花束をプレゼント。奥さんの誕生日にも社長から花束をプレゼントする制度をつくり上げた。正月には全社員にお年玉を配る。

新日鉱ホールディングス社長の高萩光紀は、新日鉱マネジメントカレッジを設立し学長に就任、「社内で異業種交流」を行なっている。石油と非鉄という二つの中核事業に携わる幹部が、各々自らの体験談や意見を忌憚《きたん》なく話しぶつけ合う。事業内容が異なるから経験が異なり、意見も違ってくる。それをぶつけ合うことで思考の火花を散らし、頭を活性化して経営に役立つ提言へと結びつけている。

大和証券グループの社長兼CEOである鈴木茂晴は、社員の連帯感を大切にしている。それは鈴木の人柄から出ている部分が大きい。

その連帯感を社員の家族も感じてほしいと最近、家族による職場訪問を始めた。東京本社ではその際、家族の名刺をつくって渡し、社長も子供たちと名刺交換したという。

京セラで稲盛が創案したアメーバシステムは類例がまったくない。仕事を進めるうえでの独自の手法である。工場でいえば商品や部品、工程ごとに小さなプロジェクトをつくり、進行状況に合わせてアメーバのようにカタチを変えるシステムだ。また、誰でも理解し計算できるような、一時間当たりの生産性の算出を考え出し導入している。

多くの部下を育ててこそ一人前！

その質が重視される人材育成

王将フードサービスの大東隆行社長は、

「人を稼いで、人を残す」

といっている。美味しくて安くて早い餃子を「お客さま」に食べてもらいたい。その想いを実現し、さらにレベルアップしていくには経営者としてお金と人を稼ぎ、それを活かしていくしかない。

数値で示した貸借対照表では見えない財産があるという。人という財産である。大東はさらに損益計算書についても触れている。

売上げを増やして利益を出すように、人を活かして育てる。前年よりもその育てた分が人を稼いだことになる。今年度分の稼ぎになる。それは数字では見えないが、組織においてを何やるにしても、「行きつくところは人」である以上、経営にとって「人材の育成」は核となるテーマだ。

当然、「取締役」も人を育てるという大役を負っている。取締役に就くまでのプロセスで実績が問われている。

日本マクドナルドのように「人を育てないと上に行けない」ことを制度化しているところさえある。人を育てることが日々の業績の一つになっている。人を育てない限り、現在の地位にとどまる。それを基準をつくって客観化している。全社員が対象だ。クルー（パート、アルバイト）まで対象になる。上に行くほどその責務は大きくなる。

日本電産の永守重信も、

「人を育てられない人間は上へ行けない」

といっている。

なまじ人使いがうまいと、自分には人を育てるチカラがある、と誤解しかねない。人をうまく使えば、前よりも仕事をこなせるようになる。前よりむずかしい仕事をより効率よくできるようになる。それで部下を育てたと自認する。それを褒《ほ》める上司も少なくない。確かにそれは能力アップである。

しかし、既存の仕事や既存の仕事の進め方、その後始末の範疇《はんちゅう》を出ていない。

「いまやっている仕事のほとんどは後始末の仕事です」

と、セブン&アイの鈴木敏文は指摘している。これは本来やる必要のある事後処理や後片付け、キチンと対応しないことによって発生する処理や処置である。

たとえば、バイヤーが商品計画をキチンとしていないために発生する店舗からの要望、そして、それへの対応といったことがある。つまり、自分が問題を発生させておきながら、それを認識せず、日常業務の一つとして対応しているということだ。

しかし、本当に必要なのは、世の中の変化やお客さまのニーズの動きに合わせて仕事をつくり出すことである。変化に対応できるよう、「仕事の仕組み」や「進め方」を変えることである。

それができるよう育て上げて、初めて人を育てたといえる。上に行くほどそういう仕事が要求される。取締役は経営者の一人だから、「人材育成の質」が問われる。

また、「人間性を育てる」ことも求められる。志を持ち信念を貫く人間である。会社の「理念」の大切さを理解し、それを自分の「生き方」「考え方」の中で加工して、分かりやすい「哲学」や「ビジョン」にし、社員に伝えていくような人間だ。自社の存在意義を高め、社会に貢献することを第一義とし、その実現を通して愛社精神を発揮することでもある。

信念を貫くためには上司ともぶつかるが、一方で謙虚さも持ち合わせているような人間性である。

樋口廣太郎が住友銀行に勤めていた頃、上司の故堀田庄三頭取が目をかけてくれていた。その堀田にある時、忠告されたという。

「目上への態度に気をつけなさい。君は時々パッと自分の考えを口にする。私はそんな君の素直なところが好きだ。ただ、こちらの気持ちに余裕がない時などは、いくらいい意見でも生意気に感じることがある。『私がいうのも、おこがましいですが』と一言足しなさい」

「知に溺れていてはダメ」といわれ、樋口はハッとした。人間は周りから自分の評価を受けて自分のアイデンティティーを保とうとする。それを繰り返さないと自己崩壊しかねない脆《もろ》い存在である。たとえば上司に自分の実力をアピールしたいような時、つい謙虚さを忘れ、「さあどうだ」という表情になりやすい。百戦錬磨の上司からすれば、その「したり顔」が小賢しく見え、反感を覚えかねない。

意見はしっかり述べるにしても、上司への敬意は敬意として忘れてはならない。その点を堀田は樋口に伝え、その人間性を育てたといえる。

部下が育つ上司と育たない上司の違い

部下を褒めるからといって、温かく見守っているとは限らない。厳しく育てているからといって、冷たく突き放しているとは限らない。

要は部下思いか、部下の仕事を「自分の仕事である」と思って責任を感じているか、その将来を輝かしいものにしてやりたいと真剣に思って育てているのか、ということである。

松下幸之助は見るからに温厚そうだが、部下をよく叱った。利己的な理由で叱るのではない。理念や哲学に反すること、反することにつながりかねないことについて叱った。松下に二三年間仕えたPHP研究所前社長の江口克彦は、「叱られている時は足がすくむほど怖く、先輩社員の中には、松下の前で失神した人もいたほど」だという。叱るだけではない。その理由を徹底的に説明するため、二時間三時間、直立不動のまま叱られ続けることも多かった。

それでも、多くの人間が松下に心酔したのは、叱ったあと、必ずフォローしてくれたからだ。そのフォローが絶妙だった。

江口が叱られたあと、帰宅し意気消沈していると、夜中に電話がかかってくる。叱った理由について理解したか確かめるためだ。その話をキッカケに、「新しいプロジェクトのリーダーになってほしい」などというように、叱った何倍も肯定してくれる。そのため叱られた翌朝は、やる気満々で出社したそうだ。

日本電産の永守重信もよく叱る。社員が叱られない日はないという。永守は、「叱らないのは私にいわせれば無関心と同じことだ」という。

「褒めるのは簡単だが、叱るのはむずかしい。なぜなら叱るということは、相手が嫌がることや言ってほしくないと思っていることを言うわけで、相手が何も感じないことなら、最初から言ってもしょうがない。したがって口先だけで叱るのはダメで、本気で叱らないといけない」

その点を強調している。

基本的に失敗も叱るが、それ以上に問題視しているのが怠慢である。手抜きや無関心、同じ内容についての失敗の繰り返しなどだ。

叱ったあと、アフターケアするのは松下幸之助と同じである。「一叱ったこと」に対し「一〇フォロー」するという。そういう態度を部下に対する阿《おもね》りと思うようなら、その人は人間としてはまだ低いレベルの価値観でプライドを保っているとしかいいようがない。口では視野の広い見解を披露していても、行動は極めて狭い。視点が低い。叱るにしても自分の権威を誇示するためだったりする。それで部下が育つわけがない。

部下は上下関係によって育つわけではない。上司の生き方や考え方、仕事の仕方を尊敬、敬愛し、それを学ぼうとするから育つのである。だからこそ人格が傷つき血を流すほど叱られても学ぼうとする。叱られた瞬間、嫌ったり憎んでも、また敬愛する。慕う。

本田宗一郎のように、叱ったあとフォローしなくても慕われるのは、そのためだ。怒るとよく殴ったが、後年、「オレも殴られた」と嬉しそうに語る社員が少なからずいた。

それというのも本田は私心で叱っているのではない。怒る時はすさまじいが、あとはカラッとしている。ネアカで陽気だからである。照れくさくて謝らないが、周りで見ていると「しまったという顔をしている」ので、どういう気持ちでいるか分かるという。

「部下を叱れない」と人を育てることはできない。最悪なのは部下にお世辞を使うタイプだ。部下が失敗したり怠慢にしていても、叱れない、あるいはお世辞をいって仕事をさせる上司は部下になめられる。それで部下が育つわけがない。自己保身を優先しているからこうなるわけで、こういうタイプは取締役失格である。

もし叱って部下がふてくされるようなら、放置してはならない。自己保身で叱ってないか省《かえり》みてほしい。仕事とは何か、なぜ叱ったのか、その理由を正しく理解しているかどうか考え、必要ならサシで徹底的に話し合うべきだ。ふだんの自分の仕事ぶりも省みるべきである。責任を部下に押しつけたり、口舌を弄《ろう》して責任を回避していたら、部下は白《しら》ける。

それで怒ったり叱ったら、火をつけたつもりが、本当はついていないコンロで料理をするようなものではないか。怒るとか叱るというのは、自分のエネルギーを相手に注ぎ込むことを意味する。

なお感情に任せて怒ってはならない、という人がいる。だが、パナソニックの前社長である中村邦夫が、

「叱るには、部下を思う愛情が根本になくてはいけない」

というように、愛情の有無が問われるのだ。愛情があれば叱ってもいい。ただし、

「怒ってもトイレに行くたびに水に流している」

と誰かがいっているように、カラッとしていることも大切だ。

■才能を上回る人間性を持て！

戦国時代、名将の誉《ほまれ》が高かった武田信玄の家臣がまとめた『甲陽軍鑑《ぐんかん》』は、リーダーの失格者として四つのタイプをあげている。

「我が国を滅ぼし、我が家を破る大将、四人まします。第一番は馬鹿なる大将、第二番は利口すぎたる大将、第三番は臆病なる大将、第四番は強すぎる大将なり」

これは大将自体の能力だけでなく、心理的な要因や人望といったことも含む。

たとえば、武田家そのものが信玄の子、勝頼によって滅びてしまう。勝頼は蛮勇《ばんゆう》といえるほど強く、武田軍も敵に恐れられるほど強かったため、鉄砲を使って兵器を近代化することに積極的でなかった。そのため織田信長が三〇〇〇丁という火縄銃を揃え、三段構え方式を編み出した長篠の戦いに敗れてしまう。

そのあと家臣や領民が疲弊しているのもかまわず、戦いに勝つことを至上命令とし、甲府に城を築くという無茶をする。当然、家臣の心は離れ、それもあって天目山の戦いに敗け、重臣の裏切りにあって、悲劇的な最期を遂げる。

その信長も天下統一を目の前にしながら、明智光秀の裏切りにあい、本能寺で非業な死を迎える。利口すぎたことが仇《あだ》になったのである。

信長は世界規模で日本を見ていた点で、時代の一歩先を歩いていた。その点、上杉謙信や武田信玄、徳川家康などとは異なる。豊臣秀吉は後年、越後の春日山で謙信の墓に詣でた際、「バカな大将」というようなことを呟《つぶや》いたという。

さらに信長は、門閥や家柄が幅をきかせる時代に、家臣を能力主義で昇進させた。秀吉はその最たるものだ。今風にいえば、小間使いから花形の営業部に抜擢され、トントン拍子に出世して、「近江長浜担当常務取締役」になった。明智光秀は課長クラスでヘッドハンティングされ、「近江坂本兼丹波丹後担当常務取締役」になる。

それは二人が軍事軍略の才に秀でていたからだけではない。領国経営で善政を敷いたからである。

一方、同じ重臣の柴田勝家は越前を与えられ、「北の庄」を根城として上杉謙信と対峙させられる。中途採用だった滝川一益《かずます》は関東管領として小田原の北条氏と対峙させられる。二人を最前線担当の「常務取締役」にしている。

民衆の支持を重視していた信長は、民政という能力も重視し、そのチカラのある秀吉と光秀に土地の豊かな近江の経営を任せたのである。

ただ、信長はあまりに鋭利で利口すぎ、人をその機能性で見てしまうことが多かった。

部下を可愛がることはあっても、愛情を注ぐことに疎かった。ネアカでもない。

そのため光秀の謀叛《むほん》にあい、道半ばで最期を遂げる。その光秀も民衆に敬愛されながらも同僚からの人望に薄く、中国から大返しした秀吉に天王山で大差で敗れてしまう。

本当にすぐれたリーダーは、利口すぎても強すぎても、それを感じさせない。それを上回る人間的な器がそう思わせる。秀吉は時に馬鹿になってみせることができ、臆病でもあることを長所に変えてもみせた。

そういう上司に人は喜んでついていく。そういう前提があればあるほど、その育成に部下が呼応する。そこに育てる手法が加われば、より確かなものとなる。

ミスミグループ会長の三枝匡《さえぐさただし》は請《こ》われてコンサルタントから社長に就任、再建を託される。売上げを二倍、三倍と伸ばし、再建を果たす。

その三枝はチームを率いるディレクターに、四年サイクルの事業計画を自分の手で策定させている。ミスミではチーム制をとっており、社員が事業を提案し、それが採択されるとチームを編成し、提案者が責任者になるのだ。

「戦略をどう組むか、その論理性が徹底的に問われます。徹夜してつくった計画が行ったり来たりして、突っ返されることもあり、でき上がれば、完璧に自分のものになっています」

と、三枝はいっている。

そういう時、質問力のあるなしが問われる。部下以上にキチンとものごとを深くかつ細かい点まで構想していれば、質問をすることによって部下に気づきを与えることができる。答えるかわりに質問することで、部下は自分で正解を見い出したと感じることができるのだ。

三枝はまた、ディレクター以上を対象に幹部経営フォーラムや社長戦略講座、若手社員が参加する寺小屋セッションなどを設け、自分のノウハウを積極的に伝えている。

「私は社長として、こうした人材育成にはかなりの時間を費やしています」

という。

ましてや部下と功名争いをするなどとんでもない。THK社長の寺町彰博は工場長の時代、

「仕事において私が自分の能力を誇示し、部下と張り合ったことで、それに反発して部課長の何人かが辞めてしまいました。当時の私に慢心があったのでしょう」

と、悔いを述べている。

「上司の役割は部下の能力を引き出すことで、部下と競うことではありません」というように改心した。だからこそいまがある。

部下が手柄を立てたら大いに広言するおおらかさがほしい。一方、部下は部下で、上司が手柄を横取りしても赦《ゆる》す度量を示す。長い間にはメッキがはがれる。「能ある鷹」として爪を出して仕事をしていれば、見てくれている人がいる。いつか引きがある。それまで待つ大忍を育ててほしい。

人間としての幅を広げよ

■癖が強いと取締役になりにくい

映画や絵画など芸術の世界ではよく鬼才という言い方をする。暴力やセックスをテーマにした『時計じかけのオレンジ』を撮った映画監督のスタンリー・キューブリック、夢を白日の下に曝《さら》し、カラー画像のように細密に描いた画家のサルバドール・ダリなどは鬼才というべきだろう。

ところが、実業の世界では、鬼才溢れる経営者といったりしない。少なくともなじまない。「名経営者」とか「すぐれた経営者」という。鬼上司といったりするが、それは厳しく指導し育てるその程度をいっているのであって、才能について述べているわけではない。

経営は組織で動くもので、その組織を活かすところに醍醐味がある。NEC社長の矢野薫は、

「一人ひとりができることは限られます。しかし、ほかの人と接点をつくることによって、夢は無限に広がっていくと信じています。多くの人が夢を共有すれば、非常に大きなものが創造でき、社会に貢献できる——世の中の企業は夢を実現するために存在します」

といっている。そういう組織にキューブリックやダリが勤めたらどうだろう。デザイン室で異能を発揮するかもしれない。しかし、その言動はチームワークを乱すに違いない。デザイン力を買われてチームのリーダーになったらどうだろう。組織より自分の欲求を優先してチームが散り散りになってしまう。

とても会社におけるリーダーに向かない。

こういうタイプは組織においては癖のある人間、癖の強い人といえる。人にはいろんな癖がある。徳川家康は不安になると爪を噛んだという。就寝中に鼾《いびき》をかく、歯ぎしりする、猫背になる、貧乏ゆすりをするなどいろいろある。髪の癖毛とか。基本的には、周りから好ましくないと受け取られるような所為や行動、体質などで、なかなか直らないほど習慣になっているものを癖という。

仕事についても癖のある人、癖の強い人はいる。すぐに開き直る、経歴を鼻にかける、裏表がある、口を開けば不満をいう、仕事を頼まれるたびに不満気にする、言い訳ばかりする、人の意見を聞かず自己主張する、何かというと悲憤慷慨《ひふんこうがい》する。すぐ熱くなる、冷笑する、周りを見下す。まるで政治家のように結論を先延ばしする。威張る、威圧しようとする、野心の塊《かたまり》のように見える。プライドが異常に高い、傲慢《ごうまん》で不遜だ。あなたはどうか。

そんなことをあげつらっていたら、誰もがなんらかの癖を持っていることにならないか。「なくて七癖」というではないか。

実際そうだと思う。もし癖のある人、癖の強い人、二癖も三癖もあるような人は「取締役」になれないとしたら、取締役になれる資格のある人はこの世からいなくなる。ギリシャ神話や我が国の神話を見ても癖の強い神々が多い。

だから癖を完治させせよ、とはいわない。そのかわり「その癖を上回る魅力」を備えよ、「人間性を身につけよ」といいたい。そうすれば取締役への道は開ける。広がる。

また、いろんな癖を持った人の集まりを束ね、部下の個性を引き出し、適材適所で仕事を割り振り、長所を伸ばし、短所を使い方を変えることによって長所にしていく。

「個々の資産を開放し、共有することが商社にとっては重要です。そのためにも互いに関心を持ち、人に学ぶ姿勢が大切です」

伊藤忠商事社長の小林栄三は強調する。もちろん商社に限らない。すべての組織に当てはまる。

日本電産の永守重信はさらに前向きだ。

「欠点は、甘い汁粉《しるこ》をより美味しくする塩のようなもの。欠点ではなく個性と捉え、バックアップすることで企業は活性化する」

レベルの高い生き方と人間としての幅

癖の強い人は、その癖が「剥き出し」になっているため、そういう印象を与える。それを上回る人間としての魅力を身につけると、その癖が全体の印象として目立たなくなる。加工されて、その人の愛嬌となったりする。渋柿を外に吊るして甘柿に変えるようなものだ。太陽と澄んだ空気、昼夜の寒暖の差などによって渋く熟したものを、もう一度熟し直す。その吊柿、干柿をさらに加工して美味しくする。

そのためにはレベルの高い生き方を求め、身につけることだ。ただ志を持つだけでなく志を高く持つ。哲学をカタチにしていく。信念を枉《ま》げずに追求する。

経営目的、それを実現していくための手段である業績目標を持たなかったら、はたしてリーダーといえるだろうか。成り行き任せ、人任せの人間が人を引っ張るのは無理である。ましてや癖が強かったらなおのことだ。あくまでもサラリーマンとして使われる側の立場で終始するに違いない。リーダーの器量の大きさはある程度まで、抱く目的、目標の大きさで測ることができる。それを諦めずに追求することで、人間としての幅も広がっていく。

コンビニエンス・ストアとしてファミリーマートは売上げで三位、その社長である上田準二は、同七位であるam/pmの買収にこれまで二度挑戦し、二度とも失敗した。都心に多く出店しているam/pmを傘下におさめることで東京エリアを強化、東京の店舗数でセブン-イレブンを抜き一位になれば、国内店舗数でもローソンに迫ることができるからだ。

そのためにはam／pmを全店ファミリーマートに転換することが避けて通れない。ローソンもその点にこだわり、日本の本社であるレックス・ホールディングスを通じてアメリカのam／pm本社と交渉したが、最終段階で決裂する。アメリカの本社がam／pmという店名の存続にこだわったからである。

この交渉の後、上田は再び名乗りを上げ、同じ轍《てつ》を踏まないようアメリカの本社と頻繁に交渉の場を持ち、ついに買収に漕ぎつけた。二〇〇九年一一月である。この時点で上田の経営者としての器が大きくなっていたことは間違いない。

日本電産の永守重信は、なんでも一番にならないと気がすまない超負けずぎらいだ。子供の頃、銭湯に行くと履き物を下足番の一番に必ず入れていたという。一番のところにほかの客の履き物が入っていると、その上の台のところにおいた。

精密小型モーターで世界ナンバーワンを目指して達成、七三年に三人で創業して三十数年の間に多くの企業も買収、〇九年三月期のグループの売上げを六一三四億円を超すまでに押し上げている。社員数も九万六千人強だ。永守は今後、グループ売上げ一兆円を目指すという。さらにその先では一〇兆円を見ている。

小売業が軒並み不振にあえいでいる中でユニクロは驚異的に売上げを伸ばしているが、本社ファーストリテイリングの柳井正社長は、二〇二〇年までに五兆円企業を目指すと宣言した。〇九年八月期で売上げ六六〇〇億円（対前年比一二・五％増）である。

昔は、永守にしろ柳井にしろ大ボラを吹く癖があると揶揄《やゆ》されただろうが、その目標を達成すればホラでなくなる。

規模の拡大だけではない。経営の質についてもいえる。京セラの稲盛和夫は世の中の役に立つ企業になることを志し、その信念を持って大きくしてきた。京都の路地裏にある古い建物で京都セラミックス（当時）を立ち上げ、なんとか社員にボーナスを手渡すことができるようになった時、社員一人ひとりに、「皆で少しずつ寄附しないか」と呼びかけ、その総額と同じ額を会社も出して、正月にお餅も買えない人へ寄附した。この寄附をいまでも全工場で続けている。

信濃（長野県伊那市）にある伊那食品工業は寒天の質の高さで知られているが、それ以上に社員を大切にする会社、工場のある村を日本一美しい村にしようとしている会社として注目されている。『日本で一番大切にしたい会社』（坂本光司著　あさ出版）で採り上げられ、脚光を浴びたのだ。

会長の塚越寛は「会社を急激に伸ばしたくない。木が年輪を刻むようにして成長したい」「単に草を刈ったり花を植えたり飾ったりするだけでなく、村の人情とかお互いの思いやりといった目に見えないところまで美しくしたい」と語っている。また、同業と競争しなくてもいい棲《す》み分けのできる会社を目指している。他で扱っていない寒天を扱い始めたのもそうだ。その品質を上げることもその一つである。

ここには塚越ならではの哲学が息づいている。人間としての大きなブレのない温かみを感じる。

感性と知性は連動している

癖が強いと感性がうまく働かない。その「感性」と「知性」は連動している。だから感性が働かないと知性も働かない。その逆にもいえる。

よく「感性を磨く」というが、これは「人格と直結」している。その人となりによって何に感じるか、その鋭さが違ってくる。「感性を磨く」とは、その人の「人格を磨く」ことである。それは五感を磨くことであり、教養を身につけることによって知性を磨くことでもある。五感を磨くとは、五感同士を連動させることだ。知性を磨くとはさまざまな思考力や思考のスピードを連動させることでもある。それによって感性と知性の連動がより円滑になる。より直結する。

このような関係について富士フイルムホールディングスCEOの古森重隆は、

「仕事の成果は、その人五体全部の人間力の総和なんです」

と指摘している。

五感を総動員して情報の本質を掴み、その情報をもとに頭で戦術、戦略を考える。そこに人柄の良さや相手を思いやる心が加わって、周りに人間的な共感を与える。さらに、度胸やガッツ、根性も必要だし、自分で現場に行く足腰も大切。いざという時には自分の責任で強引にやり抜く腕力もいる、という。

セルフサービスのコーヒーチェーン（ドトールコーヒー）を我が国で初めて展開した鳥羽博道は、若い頃、フランスの視察ツアーに参加した。こういったツアーではほとんどの場合、街中はバスで通る。あるいは足早に見て通る。その時も同じだった。

そんな中、パリで朝食前に町を歩いていた時、ホテルの近くにあったコーヒーショップに入ってみた。メトロ（地下鉄）の出入口の傍だったという。

お客さまの行動に目を瞠《みは》った。通勤途中らしいビジネスマンやOLがコーヒーを注文、飲み終わるとすぐ出ていく。コーヒーそのものを楽しんでいるからだ。いわゆるカフェである。

当時、我が国では純喫茶が林立していた。薄暗くて室内はタバコの煙が漂っていた。コーヒーを楽しむというより屯《たむろ》するのが目的だった。地方へ行くと駅前などにいまでも純喫茶があったりして懐かしく感じる。

鳥羽は当時、コーヒー豆の焙煎や加工卸をやっていたが、その傍ら、七二（昭和四七）年にコーヒー専門店コロラドを展開、八〇（昭和五五）年にはパリで見たカフェがヒントになり、ドトールコーヒーをスタートさせる。

視察ツアーで他の仲間も同じパリの光景を目にしながら、感性の差が鳥羽に成功に至る道を提供し、他の仲間にはこれまでの道をそのまま歩ませたのである。

鈴木敏文はイトーヨーカ堂へ中途入社した後、アメリカの流通視察へ参加した。アメリカへ行くとみんな現地の店を見て歩く。そんな中、鈴木は、

「視察に同行しないで別行動をとりました」

という。ツアーの仲間と一緒だと、どうしても感性が鈍くなる。それを避け視察に集

中するためだ。その視察中、セブン-イレブンが目に入り、気になったため帰国後、研究したら、一店三〇坪ほどの小さな店内なのに何千店も出店していて、総売上げが驚くほど高いことを知る。この時、初めてアメリカのサウスランド社（現セブン-イレブン・インク。セブン-イレブン・ジャパンのグループ会社）が開発したコンビニエンス・ストアという業態を知る。

そのノウハウや商標の使用を認めてもらうため、一度、門前払いを食らいながら諦めず、三菱商事に仲介してもらって交渉の場に辿りつき、腹の据わった交渉で日本で展開可能な条件を引き出す。

一九七三（昭和四八）年に会社を立ち上げ、翌年からフランチャイズ中心に出店を始め、現在、一万三千店までになっている。

当時、大型スーパーのイトーヨーカ堂が地方に出店すると、商店街などの小さな店の経営を圧迫するということで、地元ではよく反対運動が起きていた。話し合いのテーブルでナイフを突き立てられたこともある。そういう小型店と共存共栄できる道を模索していた時だっただけに、その真剣な問題提起が感性を鋭くさせたといえよう。

史観を大切にする経営者が多い理由

「取締役」は人間としての幅を広く、バランスのとれた人間でなければならない。なぜなら、それによって初めて経営の全体像を掴めるからである。マーケットの全体像を鳥瞰し、その変化の本質を把握することで、的確な方向性が見えてくるからである。バランスのとれた全体最適の経営を展開できるからだ。

そのためには常に「大局観」を養うように努めなくてはならない。昔からいわれているように、「着眼大局、着手小局」を我がものにするということである。経営の方向性を決め、戦略、戦術を展開する時の王道といっていい。もともとは囲碁の言葉だが、味の素前社長の故江頭邦雄も、これは仕事にも通じるといっている。

「世界が大きく動き、世の中が複雑になっている時代には、現象面だけを捉えるのではなく、その奥底にあるもの、問題の本質を探ることが大切です」

そのためには歴史から学ぶことが欠かせない。

一角の経営者なら、独自の経営哲学や理念といったものを経営から導き出しているはずだ。難問も乗り切ってきているだろう。

ただ、個人が数十年程度で経験する世界は小さくて狭い。そのため、その「理念」や

「哲学」「信念」が独善的になり、過ちを犯す危険を孕《はら》んでいる。しかも、江頭の指摘した〝世界〟がまさに現出している。社会は複雑になり、常に変化してやまない。それだけに普遍性に欠けた哲学では、今日通用しても明日通用する保証はない。

一方、歴史をよく観察すれば先人たちがあらゆる事態に直面し、あらゆる解決を試みて、その結果が事実として提示されている。設問と解決の手法、答えが出ているのだ。そこから「普遍的な歴史観」、「歴史の方程式」を導き出せば、自分の「哲学」や「理念」「信念」を補い、しっかりした大局観を持てる。それによって、より間違いのない経営の指針を得ることができるのだ。三菱UFJリサーチ&コンサルティング理事長の中谷巌も、

「我々の祖先が何を考え、いかにして今日のような社会を築いてきたかを知るということは、現在の私たち自身を知ることにつながります」

といっている。それを通して、歴史観や世界観を身につけることができる。

過去の歴史に学ぼうとする経営者が多いのはそのためである。かつては山岡荘八の『徳川家康』など何巻にも及ぶ大作がベストセラーになり、最近では司馬遼太郎の『竜馬がゆく』『坂の上の雲』『項羽と劉邦』『国盗り物語』や『街道をゆく』シリーズ、講

演集、『この国のかたち』などのエッセーがよく読まれている。

たとえば『城塞』は大坂冬の陣と夏の陣について、家康の悪知恵といってもいいほどの謀略を、豊臣家との最後の決戦を通して描いている。

大坂城には真田幸村、後藤又兵衛、木村重成、長曾我部盛親《ちょうそかべもりちか》など軍略や戦いに秀でた浪人たちが続々と集まるが、そのトップに淀君と秀頼がつく。秀吉の子を産んで育てているというだけで、淀君が決定権を持つ。勝敗を分ける戦いに臨んでも秀頼の命を第一とし、(司馬の的確な表現を借りれば)「まるで秘仏を守るかのように」大坂城の奥深くにおいて兵士の前に出さない。閉じた貝のように城に引き籠ることだけを身上とした。家康がわずかの人数で大坂城の近くに戦陣を構えたという情報を得た幸村が、秀頼をいただいて出陣しようとしても許さない。客観的に見て千載一隅のチャンスを逃したのだ。目の前の秀頼だけを見て、その安泰だけを願い、味方のチャンスをことごとくつぶしていく。自分と秀頼の個人的な利を優先しながら、大局をどうするか決める。その構造に慄然《りつぜん》とする。こういう史実から学ぶことは多い。

歴史観を持つということは、今日の決断や明日の洞察を確かなものにしてくれる。松井証券の松井道夫も、「歴史観のないリーダーは時代を読み誤る。社長の失敗は誰よりも大きいコストを費やすことになる」と持論を述べている。

日本では、一九八九年をピークとするバブルに多くの企業が躍らされたが、一六三〇年代にオランダで起きたチューリップ暴落事件に学んでいたら、免れていた可能性がある。当時、オランダはヨーロッパ最大の金融市場として隆盛し、チューリップの売買が過熱しバブル化、一株で庶民の年収一〇年分もの高値がついた。それが三七年には、ふつうの値段に暴落したのである。

これを過去からの警告として学んでいれば、バブル化に躍って痛手を食らうことはなかったであろう。

第5章

チャンスは裏切らない、自分が裏切るのだ

――不遇を好機と捉える逆転の発想

失敗は成功者の勲章である

■失敗を恐れると人間が小さくなる

「国境の長いトンネルを抜けると雪国であった」

川端康成は『雪国』の冒頭でそう書いている。もちろん、康成はノーベル文学賞を受賞した小説家だ。

暗いトンネルから一面の銀世界へ。その対比が心地良い。解放感を覚える。

このトンネルを仕事の失敗におき換え、雪国を失敗から抜け出した状況、成功へ至る世界としたらどうだろう。失敗は「一〇〇パーセント成功」という保証書をつけてやってくるわけではない。そのままトンネルに閉じ込められてしまうことだってある。

だから「失敗を恐れずに挑戦しろ」とけしかけられても、そんな煽動には乗らない。失敗したため、同僚や後輩の昇進を尻目に足踏みを余儀なくされる。挑戦せず、失敗もしない、その結果、従来の延長とはいえ業績を伸ばしている連中に追い抜かれる。左遷や出向だってある。ダメという烙印が体全体に押される。島流しの辛さは体験してみないと分からない。窓際に追いやられても同じことだ。

昨日まで尊敬と敬愛の眼差しを向けていた女性社員が軽侮の表情を浮かべる。まるで黴菌《ばいきん》であるかのように近づかなくなる。男を含め周りが探るような目で見る。酒を飲みながら自分の失敗を肴《さかな》に笑い合っているシーンが鮮明に浮かぶ。一番の理解者と思っていた妻の心が離れていくことだってある。

そういった重圧に耐え切れずに退職する例は多い。それに近いカタチでの状況とか。心に釘が絶え間なく刺さってくるような痛みに耐えられるとでもいうのか。

……だとしたら挑戦しないほうがいいですね、というしかない。

ただ、「失敗を恐れると人間がしだいに小さくなる」ということは知っておいてほしい。「目くそ鼻くそを笑う」というが、弱虫、腰抜け同士が足の引っ張り合いをしている、その仲間入りをしていることを分かったうえで加わってほしい。

江戸時代の農政家、二宮尊徳は次のように言っている。

「遠くをはかる者は富み、近くをはかる者は貧す」

生きていくスパン、仕事をしていくスパンを長くとり、「理念」や「哲学」を実践していく者、「信念」を持って、「志」を貫く者はやがて富む。その間、痛みや苦しみ、迷いなど試練を受けるのは当然である。時には上司、取引先、仕事の仕方にぶつかりぶつかりし、怪我をしながらも、どう取り組み、どう行動すればいいかを学んでいく。世界を広げていく。視野を広げていく。進化していく。

遠くをはかるためには、いま現在、一秒後の一歩から遠くに合わせて変えていかなくてはならない。それより自分の保身を優先したらどうだろう。世の中が進化、変化する中で取り残される。活動が広く深くなる中で相対的に小さくなる。心にカビがはえる。化粧を施し、ファッションで決めても、心は乾燥してひび割れ、老衰して足腰が立たなくなっていく。

チャンスは災難というカタチでやってくる

アサヒビール会長の池田弘一は数々の辛酸を舐《な》めてきた。営業をしていた六〇年代後半から七〇年代後半にかけて二〇パーセントあったアサヒビールの全国シェアが、一〇パーセント台前半にまで落ち込んだ。キリンの攻勢に押されっ放しだったのである。後に『スーパードライ』を足場に逆転するなど思いもよらなかった時期だ。

六〇年代、福岡県南部を担当していた頃のことだ。当時、アサヒは九州地区が強く、特に池田が担当していた地域は約九割のシェアを持っていた。

ところが、六六（昭和四二）年、キリンがその地区で工場と問屋を新設し攻勢をかけてきた。一方、アサヒは三人いた営業マンが池田一人になってしまった。そういうこともあってアサヒのシェアは六割に落ちた。一年で三割もシェアを落としたため、支店長から怒られたという。

七八年、千葉営業所で所長代理を務めていた時のこと、千葉県酒販への出向を命じられる。それでアサヒを実質的に離れる。ショックと未知への不安で、本当に会社を辞めて転職しようかと悩んだという。そこで辞めずに踏ん張ったからこそ、後の反転攻勢のリーダーの一人として活躍し、社長になれたのだ。

同じアサヒビールの元社長、瀬戸雄三は降格された経験を持つ。七〇（昭和四五）年、四〇歳の時、専務の逆鱗に触れ、わずか一一カ月でビール課長の任を解かれた。東京から関西へ逆戻りした。

その時の屈辱感はいかばかりだったろう。周りはもちろん、昨日まで課長として接してくれた取引先が、新しい名刺を見て露骨に態度を変える。思いやりのある取引先にしても、どう対応していいか困惑したに相違ない。家族にも迷惑をかけたという。子供は転校して半年で関西へ。母親は、「何か悪いことをしたのでは」と心配した。ただ、「自分では正しいことをしたという信念がありましたから、左遷させられたあとも堂々と行動することができました」

瀬戸が当時を振り返る。

ニコン社長の苅谷道郎は三回飛ばされた経験を持つ。思ったことをハッキリいうため上司と衝突することが多かった。部長時代には半年間、干された。大部屋の隅のほうに席を移されたという。いわゆる窓際族の仲間入りである。

さすがに居づらくて総務部に交渉し、電話のオペレーターが休憩室として使っているところに机を移させてもらった。窓際になったからといって縮こまらない。

失敗や降格、出向や左遷はふつうは身に振りかかる災難と考える。仮に周りが気配りしてくれても、同情であり尊敬ではありえない。尊敬する者がいたら、よほどの例外だろう。

ところが、その災難はチャンスなのだ。チャンスはチャンスという名刺を持ってやってくるわけではない。多くの場合、災難というカタチでやってくる。

災難という岩石を彫っていくと、大理石でできたチャンスという美しい彫像が現われてくる。

「気概を持って波瀾万丈の人生を送りなさい」

瀬戸雄三は若者に激励を送る。時には流れに逆らうことも大事と力説する。

「言いたいことを言って、時には喧嘩するくらいでないと。正しい行動をとって、一時は不遇を託《かこ》つことがあっても、自信を持って堂々としていればいい」

という。そういう人には、必ず誰かが力を貸してくれる。

苅谷も同様なことを言っている。

「上司との衝突を恐れるあまり、信念を曲げないでください。左遷はチャンスです。三回も飛ばされた私が言うのですから、信じてください」

不遇の時こそ試される

災難を恐れて妥協したり直言を取り下げたり、さわらぬ神に祟りなしと流れに身を任せていたらチャンスは訪れない。自分から昇進、昇格し取締役になる道から逃げていることになる。それでもほどほどまで行けるし、そういう人でも取締役にする会社もあるだろう。

しかし、生き甲斐のある充実した達成感のある人生からリタイアしたことになる。技能や職能を高め、人間的にも成長し、難関を乗り越えることによって、新しいより魅力的な自分に出会える感動を味わわずに終わる。

ただ災難に身をおけばチャンスになるわけではない。その時、どういう態度をとるか、どう過ごすかによって、災難として確定もするし、チャンスにも変貌する。不遇の時こそ試されているのだ。

いじいじする、こそこそする、目を伏せる、負け犬特有の表情をする、暗くなる、憂《ゆう》鬱《うつ》そうにする、身に覚えのない疑いをかけられた被疑者ようになる、やる気を失う、逆に肩をいからせる、虚勢を張る。これでは負けを確定する。

つまり、失敗や出向や左遷は挫折である、という一般的な見方に従っているのだ。そういった見方を基準にした生き方に従っているということでもある。

仕事をしていくうえでの基準が根本的に異なるのだ。会社を通じて世の中の役に立ちたい、自分なりの生き方、考え方を通じてこういう会社にしたい、もっともっとこうなるようにしたい、という強い意欲があるかどうかが問われている。人間である以上、常識的な価値観との間で葛藤もあるだろう。そういう中で、迷いながら志を折ることなく信念を貫くべきなのだ。

とにかく、多くの経営者が失敗したり出向や左遷を経験している。中部電力の元社長、故安部浩平も左遷組の一人だ。八五年（昭和六〇）年、中部電力の常務から業界団体の電気事業連合会の事務理事になった。これはいわゆるアガリのポストで、このあと、本社に戻ることはない。

そうした状況の中で安部は、この専務理事の仕事に真剣に取り組む。当時、原発への風当たりは強く、特に青森県にある六ヵ所村の原発対策は難物として知られていた。その六ヵ所村に安部は何回も足を運び、設置のために説得に説得を重ねる。頭も下げた。その地域に精通するため勉強し、実地踏査もし、自分の故郷以上に熟知しているとさえいわれるようになったという。この熱心な説得によって、反原発運動を鎮静化し、村民のＯＫを得ることができた。

直面した難題から逃げたり知らんぷりすることなく、ダイレクトに立ち向かったのである。万一の時は泥をかぶる覚悟も持っていただろう。その結果、前例がない中で、中部電力へ社長として戻ったのである。

アイシン精機副会長の山内康仁《やすひと》は若い時、鋳物の冷却ラインを従来の一〇分の一に短縮する技術を開発したことがある。飛躍的な技能アップである。しかし、いざラインを立ち上げてみると出来上がった製品が次々と割れてしまう。もの凄く焦ったという。目の前が真っ暗になり体がふらつくほどの恐怖心ではなかったか。それで結局、数億円かけてラインを改装する羽目になった。それで、

「『技術の世界では曖昧さを残しては絶対ダメ』という真理をこの時に体に染みこませ、大きな財産となりました」

という。その財産を使って、その後も自分でテーマを見つけ精力的に取り組むことで成長しトップになる。ニコンの苅谷は窓際族になった際、時間があるため、会社の資料や論文を読み込んだ。じっくり考える時間が持てて、その後、ふだんから深く考える習慣を身につけた。それによって不測の事態に直面した時も慌《あわ》てず、正しい判断を下すことができるようになったという。

■運は諦めない人に魅かれる

また、アサヒビールの瀬戸がいうように見てくれている人がいるものだ。会社という

組織では上にいくほど個々の仕事にタッチしなくなる。それはプロ野球やサッカー、バレーの監督やコーチに似ている。プロ野球でいえばプレイングマネージャーは別として、自分でマウンドに立って投げることはできないし、打席に立って打つこともできない。グラウンドのプレイは選手に任せるしかない。

社長や取締役もそうだ。部下を通して仕事を進める。部下がどれくらい働くかによって、取締役の成績は決まる。だからこそ人を育てることが重要になる。

また、チームワークも大切だ。同じ価値基準を真ん中にして、ガッチリ、スクラムを組むほど成果に結びつく。その信頼関係が目に見えない絆をつくる。

「その部門でどの人が信頼できるか見極める目が大切です。上司にゴマをする人や日和《ひより》見《み》主義者に信用をおけるわけがありません。信念を持って頑張る人が頼りになるんです」

ニコンの苅谷道郎は断言する。

NTTドコモを現在の成功へ導いた元会長の大星公二は、榎啓一を常務にした理由について、

「一番、私に楯ついた男を選びました」

と語っている。iモードを導入するかどうか検討していた時だ。社内の大半が反対し

たが、中でも榎はしつこく大星に噛みついたという。それでも大星はｉモードの将来性を確信して導入、大ヒットさせて芳《かんば》しくなかった業績を回復する。そのｉモード導入で榎を担当者に抜擢したのである。自ら「うるさい大星」を自認する大星は、「そんな私にしつこく反論する奴なんて、なかなかいない。ああやって反論できるということは、心の底から会社やお客さんのためを思う信念があるからです」と語る。保身抜きで信念を貫こうとする姿勢を買ったのである。なお、その後、榎はＮＴＴドコモ東海社長などを歴任している。

やはり、運は諦めない人に魅かれて近寄るのだ。

出向、左遷を跳ね返すと筋金入りに

■多様化する取締役に至る道

富士重工業は伝統的に技術志向が強く、トップは技術系が占めてきた。そういう中で社長の森郁夫《いくお》は、振り出しは技術畑とはいえ営業出身である。

リコーは営業のリコーといわれ、歴代の社長は営業畑の出身者で占められているが、桜井正光会長は、初の技術畑出身者として社長になった経緯を持つ。その後、コンピュータと組み合わせたシステム販売などで業績を押し上げてきた。

ソニーは〇二年に初めてデザイナー出身者を執行役員にしている。プルデンシャル証券が現役のセールスマンを取締役にしたことは前に述べた通りである。

出世コースは時代によって、業界や企業によって異なる。戦後は「労務畑」の人間が一番手になる会社が多かった。新しい憲法と労働三法の下で労働組合が結成され、労働者の権利意識が高まった時代である。

各会社で激しい労働争議が頻発し、労務対策をどう乗り切るかが会社の死活問題になっていた。長期のストライキを起こされてしまうと、経営は立ちいかなくなる。労働組合長が天皇と呼ばれ、陰の実力者として君臨した企業さえある。日本航空に組合が八つあるのは、組合活動全盛時代の痕跡を、いまだ後遺症として残しているといえる。当時は労組とうまく付き合う技量と経験が、経営者として必須の条件だったのである。

高度成長期に入ると「経理・財務畑」の人間が出世コースの先頭に立つようになった。資金調達とその活用が、企業を成長させる要になったからである。

バブルになるとそれに躍った企業も少なくなかったが、そんな中で、トヨタや京セラのように地に足をつけて経営の舵取りをし続けた企業があったことを忘れてはならない。「従業員が汗水垂らして必死に働き、その対価として賃金を得ているその横で、空調のきいた部屋でちょっとした手続き一つで億単位で儲けたといったことになれば、従業員に申し訳ない、虚しさも与えモラルダウンになるはずだ」

豊田章一郎元会長の言葉である。トヨタはそういう配慮をした。京セラも額に汗して働き、その結果として対価を得るという人間の基本的な生き方を逸脱しないようにした。稲盛和夫のフィロソフィーの強い意思だ。

現在はどうか。「出世コースは多様化」している。ただ、業界や企業規模によってある程度の傾向は残している。金融ビジネスに関わっているところは経理、財務畑の場合が多い。メーカーなら技術者、グローバル企業だと語学ができることが条件で、外国人と付き合うセンスのある者が多い。アメリカ中心に海外留学や海外でのビジネス経験者も多いといえる。

ブラザー工業社長の小池利和、テルモ会長の和地孝、イー・モバイル会長兼ＣＥＯの千本倖生、ヤマハ社長の梅村充《みつる》、キヤノン会長の御手洗冨士夫、オリンパス会長の菊川剛ほか増えている。

要は厳しさを増す「大競争社会」の中で、どんなコースを歩んできたかというカタチではなく、本当に経営するチカラを持っているかどうかという「実質」に選択のウエイトが移っているということだ。

そのためには技術者出身でも経営感覚が要求されるし、経理・財務出身でも技術などについて深く理解する能力が求められる。営業や総務、企画出身でも他の職種のことに精通していなくてはならない。すべてに共通していえることは、計数感覚に明るいということだ。強いコスト意識を持っていることも必要だ。

三菱電機前会長の野間口有《たもつ》は、中央研究所所長を務め、博士号を持つ。三菱電機自体、歴代、技術系出身者が経営を担ってきた。その野間口は、

「何系であろうがなかろうが、リーダーの選択には関係ない」

と断言している。

出向、左遷経験者が次々と社長に

出世コースの多様化という点では、「左遷」や「子会社への出向者」が本社の役員に

返り咲くケースも増えている。かつて左遷といえば出世コースから外れることであり、子会社への出向であれば、サラリーマン人生のアガリであったが、最近は変わりつつある。順当に出世コースを歩いていた同僚や先輩より先に「取締役」や「社長」になったり、そうなる確率が高い会社も出てきた。

前述したアサヒビールの瀬戸やニコンの苅谷は自ら這い上がった例といえよう。中部電力の安部もそうだ。そのほかとにかく増えている。中でも帝人元会長の安居祥策（現・中小企業金融公庫総裁）の経歴は凄い。

一九五七（昭和三二）年、当時、マーケットが成長し始めていたポリエステルなど合繊に将来性を感じて入社。ところが、最初の配属先はなんと会社の男子寮の管理人だった。社員がやる仕事とは思えないような職種である。意気消沈しただろう。

それだけではない。それ以後も出向を二〇回経験する。そのうち海外勤務で一〇年過ごす。誰もが左遷と認めるような、あからさまな出向も少なからずあった。サラリーマン生活四〇年のうちの大半を、会社の常識からすれば陽の当たらない場所で過ごしているのだ。そして五七歳という遅い年齢で取締役になり、さらに社長に、そして会長にまで登りつめる。これは負け癖があるとか貧乏くじを引きやすい人だからといって早々に断定してはいけないということだ。

安居はいくつもの会社をつくっては渡り歩き、幅広い経験を積んだことが役立ったという。だから、

「若い社員に、なるべく出向や海外法人トップの経験を積ませたい」

といっている。

栄転のようなカタチを取りながら実際は左遷にあった一人に、JR東日本元会長の松田昌士《まさたけ》がいる。旧国鉄本社の経営企画室で課長待遇だったが、北海道総局総合企画部長として赴任する。

自民党中曽根内閣が進める国鉄の分割、民営化にあって改革を先送りしようとする首脳陣と推進派が激突、その中で改革の先頭に立っていたのが松田と葛西敬之《よしゆき》、井手正敬《まさたか》らの若手だった。彼らは「改革三人組」と呼ばれていたが、保守勢力の首脳陣からすれば煙たくてしようがない。それどころか自分たちの地位も危うくなる。そこで、遠く離れた北海道へ体よく追いやったのだ。

北海道はその頃、大赤字の国鉄の中でも特に採算のとれない路線区だった。つまり、「墓場行き」「生きたまま埋葬された」も同然とみられて仕方なかった。

しかし、松田はめげない。北海道は出身地で愛着も強い。「せめて地元の鉄道を立て直そう」と奮闘し再建を果たす。

その甲斐あって八ヵ月後、本社に復帰、三人組として中曽根に直談判し、首脳の入れ替えを訴え、これを機に分割民営化が一気に進む。八七年、七つの新生ＪＲが誕生し、松田のＪＲ東日本社長就任のほか、葛西がＪＲ東海社長に、井手がＪＲ西日本会長を経て相談役に就いている。ただ、井手は福知山線の脱線事故の責任をとって辞任、その間、保身を図るなどかつての改革派の面影はない。

西武百貨店に入社した和田繁明は一九六九（昭和四四）年、わずか三五歳で取締役に就き、将来の社長と目されていた。ドイツの研修で知った本部一括仕入れシステム（セントラル・バイイングシステム）やラルフ・ローレンなどの海外高級ブランドをいち早く導入した功績による。

ところが、常務の時代に、突如、セゾングループのレストラン西武（現在は西洋フードシステムズ、外資系の西洋フード・コンパスグループの一つ）の社長に出される。実質的な左遷だ。オーナーである堤清二の怒りを買ったと噂された。

しかし、業績が悪化した西武百貨店を救済するため、約一〇年後に呼び戻され、問題点を明らかにした白書を公表するといった荒療治を通して徐々に業績を回復、外部の依頼を受け、そごうの再建も手がける。両社の持ち株会社ミレニアムリテイリングも設立している。ただし、この会社はセブン＆アイ・ホールディングスのグループに入り、現在、そごう・西武と名を変えている。なお、和田はセブン＆アイへグループ入りした後、健康を理由に社長を辞している。

将来の役員や社長の含みで、子会社へ出向するケースも増えてきた。左遷や出向後、実力でトップをもぎとった経営者が、自らの経験に照らして、その効能を肌で確信しているからだ。

盛田昭夫が大賀典雄をＣＢＳソニーに出向させたのも、「可愛い子には旅をさせよ」ということの現代版かもしれない。大賀はＣＢＳソニーを業界トップに躍進させる。その業績を引っ下げて副社長として戻り、岩間和夫社長の急死を受けて社長に就任した。

いままでは、「出向による役員コース」を制度化するところも出てきている。東レは優秀な人材を積極的に関係会社へ出向させる方針を打ち出しているし、長谷工コーポレーションは本社役員を子会社へ出向させ、同じ身分で本社に戻れるルールを確立、伊藤忠商事は、出向しない者は取締役にしない「キャリアパス制度」を採用している。

価値観は時代によって変わるという何よりの証である。たとえば、六、七〇年代、アメリカを始めとして海外勤務は島流しと思われていた。価値観が大きく旋回し、いまでは出世コースになっている。

不遇をバネに自分に磨きをかける

■腐ってしまうか、味わい深くなるか

新生児（一歳未満の児）が初めてハイハイする。慣れていないため危なっかしい。段差のあるところで落ちる。怪我をして泣く。痛くてやめるだろうか。どんな児も続ける。次にヨチヨチ歩きを始める。机やテーブルにぶつかったり転んだりして、瘤《こぶ》をつくったり血を流したりする。痛くてやめるだろうか。やはりやめない。

やがて外に出ていく。ブランコや三輪車に乗ったり鉄棒に挑戦したりする。もっと大きな怪我をする。包丁を使って指や手を切ったりもする。二輪車に乗れるようになるまで何度も転び怪我をするだろう。

人間には「成長することを喜ぶDNA」が内蔵されているに違いない。そういう我が子の成長を見て親は感動する。育てる大変さとひきかえに、毎日のように新鮮な感動を受ける。そういう過程でさらに愛情が深まる。

ところが、社会人になり年齢を重ねていくと、自分の中に内蔵されている「自然の摂理」に反するような行動をとる。楽であること、快いことを善と見做《みな》し、ふつう以上に努力を必要とすること、辛酸を舐めることをよくないことと考えるようになる。ましてや、自分の意思に反する外圧としての出向や左遷となればなおのことだ。

「素直」で「素朴」「誠実」な人は、そういう子供の時の「成長することを喜ぶ」DNAを大人になっても封じ込めたりせず、逆に育ててさえいる。経営者にタフな面やスマートさ、人間的な大きさを感じる一方で、どこか子供の持つ素直さや素朴さを垣間見るのは、そのせいに違いない。

出向や左遷を言い渡されれば、ショックを受けるのは当然である。前途を悲観し、やけ酒を飲み泥酔することもあるだろう。真剣に転職を考え、ヘッドハンティングの会社や人材バンクを訪ねたりするかもしれない。

しかし、子供に似た素直さ、素朴さを失わないでいる場合、考え直し、与えられた状況で反転攻勢する。結果を出した段階では、以前より味わい深い人間になっている。からまっている難問を解きほぐすチカラも前以上に増し、頼もしくなる。

キリンビールで発泡酒の発売を決め、アサヒビール追撃の基盤をつくったのは、九六年に社長に就いた佐藤安弘だ。その追撃体制ができたおかげで、あとの社長の代になって、アルコールゼロのビール、『キリンフリー』でビール市場のトップに返り咲くキッカケをつくっている。

佐藤は入社三年目に子会社の近畿コカ・コーラへ出向させられている。神戸支店の支店長に「君は中小企業に向いている」と直接いわれたという。コカ・コーラでは小型トラックでルート・セールスを経験、ただし、四日目から経理課へ移った。この出向は八年に及んだ。五〇歳の時にも出向している。ホテルや損害保険などの代理店業務をしているキリンエコーという子会社だ。

出向や左遷ではないが、二〇年余にのぼる不遇の時代をくじけず、やけにならず、しぶとく耐えた人物がいる。『三国志』の主人公の一人、蜀の劉備だ。

劉備は魏の曹操《そうそう》に追われ、荊州《けいしゅう》の豪族のもとに逃れてその客分となる。ある時、その豪族の家で酒を飲んでいる時に、中座してトイレへ行く。そこで股のあたりに贅肉《ぜいにく》がついていることに気づいた。馬に乗って戦場を駆けていれば、股に肉がつくはずがない。「このまま月日が流れ老いてしまうのか」と思うと、知らず知らずのうちに涙が流れたという。「髀肉《ひにく》の嘆」という故事はここからうまれた。能力を発揮するチャンスがないまま、不遇を嘆くことを意味する。

それを機に戦場に出ない時は人材を探すことに力を注ぐ。名軍師の諸葛孔明を三顧の礼で迎えたのはこの時だ。

不遇のまま嘆いていたら、人間が腐ってしまう。精気を失い恨みがましくなる。もしトンネルに入って、そのトンネルが行きどまりだったらどうするか。行き止まりのその前で一生終わるか。そうではない。行き止まりだったら、そのトンネルを自分で掘ればいい。そうすれば、いつか光の射す世界に出ることができる。

どんと腰を据えて楽しむ度胸

「素直」で「正直」「誠実」な人間は世渡り上手と縁がない。それが「志」や「信念」「哲学」と結びつけばなおのことだ。上司にもハッキリものをいうため、疎んじられがちだ。

帝人の元会長である安居祥策もその一人である。帝人ボルボや帝人商事、さらにはインドネシアにも出向している。

トヨタ元会長（現・相談役、経団連名誉会長）の奥田碩《ひろし》もそのタイプである。一橋大学では柔道部に所属し、石原慎太郎などと稽古に明け暮れていた猛者《もさ》だ。トヨタでは経理部に配属されたが、とにかく歯に衣着せぬものいいが目立ち、後輩の新入社員の間で話題になったほどだという。

経理部には一七年間在籍したが、結局、上司に疎まれ、三九歳でフィリピンの提携先の企業に出向させられる。現地の日本人は七二（昭和四七）年当時、奥田一人だった。

経理の責任者の肩書きで赴任したが、実際の仕事は現地の新興財閥を相手にしたコンサルティングである。具体的にいえば、トヨタ車の現地での組立てと販売を独占しているその会社のオーナーから、いまの価値でいうと十数億円以上の未払い金を取り立て、経営を立て直すことにあった。

そのオーナーは時の大統領マルコスともつながりを持つ政商で、押しが強く一筋縄ではいかないことで知られていた。当然、難航が予想された。

経理とは畑違いの仕事だったが、奥田は根気よくそのオーナーとの信頼関係を築いていく。その結果、数年で未払い金を全額回収する。その過程で人間としての懐の深さを増した。高度な交渉力も身につける。

奥田を信頼したオーナーは、ある時、「マルコスを紹介してやる」といったという。すると奥田は、「もう二、三回会っている。いつでも会えるようになっている」といったので、さすがの大物政商も唸ったそうだ。また、そのオーナーとフィリピン政府から、エンジン工場建設の巨額資金を引き出すことにも成功した。若かりし頃のジャック・ナッソー（フォード元会長兼ＣＥＯ）と知り合い、友人関係を築いたのもマニラ時代だ。

だいたい左遷時、腐ったり落胆するどころか「チャンスだ」とばかり喜んだというではないか。アメリカのような巨大なマーケットと違って、自分で仕切り自分で仕事ができると思ったからである。また、「フィリピン時代が一番楽しかった」とも供述している。徹夜マージャンやゴルフも大いに楽しんでいる。

出向から七年後、マニラに来た豊田章一郎に認められ帰国、トヨタ自販へ移り（当時は自工と自販に分かれていた）、豪亜部長になる。その三年後には工販合併で誕生した新生トヨタの取締役となり、後、社長に就任する。

こういう人物は仕事をするうえでの価値基準が、通常オフィスに根づいている基準と違うから一喜一憂せず、どっしりしていて揺るがない。トンネルの中でも明るい。周りに温かい人情や太陽のようなパッションを放射する。トンネルを掘削《くっさく》しているうちに温かさとパッションを増す。

そういう人間であって初めて「取締役」になれる。地位としてだけではない。その地位にふさわしい、あるいはそれを上回る仕事ができるようになる。

■〝不遇〟は勉強に最適な環境!?

出向や左遷を「チャンスに変える」、あるいは「チャンスと考え」、取締役になっていくような人は、その期間、じつによく勉強している。

セイコーエプソンの元会長である草間三郎は、商品企画部で思う存分腕を振るい業績アップに寄与していたものの、新設したTQC推進室部長への異動を命じられる。四五歳の時だった。当時、業界でTQCといえば、「使えない奴が都落ちする」部署と受け取られていた。草間自身、TQCをやっても意味がないというアンチTQCだった。

そのため、辞令が出る前にそういう異動のウワサを耳にすると、中南米の市場調査という名目で一〇日間ほど国外逃亡を図った。その間、本人がいないことに困惑し、他の人に振り分けることを願っていたのである。

しかし、帰国後、社長から任命される。そうなれば逃げるわけにはいかない。草間は各事業部を回ってTQCの必要性を説いた。だが、どの部長も首を縦に振ってくれない。

そこで品質工学やKS法などの専門書や手法を必死に勉強した。その結果、セイコーエプソンの歩留まりの悪い工程はどこで、それはなぜなのか、TQCをどう活用すれば改善できるのか、学んだ手法をもとに客観的、計量的に取り組むことができるようになった。そういったことを具体的に事例に即して分かりやすく説明することで、そのうち理解を示す部長が現われ、二年後にはすべての事業部でTQCを導入するようになったという。

昭和電工社長兼CEOの高橋恭平も猛勉強した口だ。サラリーマン人生の半分近くを出向や転籍で過ごしている。

若い頃、中米ベネズエラの国営企業に出向している。まだ、海外への出向がマイナスイメージで見られていた頃である。

赴任の準備段階で現地の社長以下、仕事相手は皆、英語が話せると分かり、安心してベネズエラ入りする。英語に自信があったのだ。

ところが、現地入りしたところ、唯一の公式言語はスペイン語だと宣告される。書類から会議まですべてスペイン語だったという。

「日本側の代表としてただ一人、取締役会に臨む私には大変ショックでした。それに、街に出て初めて、知り合いの一部のエリート以外、ふつうの人は、皆、英語を喋れないことにも気づきました。私も妻も、日常生活自体から大変でした」

という。そこで、夜間のスペイン語学校に毎日通って猛勉強した。会議のある時は議題を探って議論の展開を想定し、スペイン語でまとめたという。しかし、なにかと熱くなるお国柄、議論が白熱してくると早口になり意味がつかめない。そんな時、臆病にならずタドタドしくても熱心に質問、その甲斐あってしだいに習熟していった。

■時間の家来になるな、時間は創るもの

よく、「忙しくて勉強している暇《ひま》はない」「本を読む暇はない」というが、それでは「取締役」になる資格はない。地位が上がれば上がるほど忙しくなる。それでも取締役になるような人は時間を見つけて本をよく読む。その気になれば時間はタップリある。

伊藤忠商事の丹羽宇一郎は、若い時、穀物を担当し、それを機に学者に負けないくら

い勉強した。穀物といえばアメリカだ。ニューヨークに駐在していた時、農業の専門書を読破しながら、研究資料はなるべく原典にまで目を通した。アメリカの農業に関して古い絶版本のコピーを図書館に依頼したこともある。

そういう余勢を買って、農業専門誌に「アメリカ農業小史」を六年間連載したというから本格的としかいいようがない。自作のイラストまで添えた。さらに、書籍の翻訳までしている。銀の相場師の評伝である。五〇〇〇冊ほど売れたというが、金目的ではない。勉強熱心なのだ。

時間があったわけではない。「時間をつくった」のである。接待で帰ったあとの深夜や週末などを使い、書きためた。辞書を引いても分からない単語があると、アメリカへの出張を利用して現地で調べた。

「自分があるのは、その時勉強したことによって判断力がついたからだ」と丹羽はいう。

「スペシャリストとしての基盤のない人は、絶対にゼネラリストになれない」

これは丹羽が体験から得た確信である。

パブソンという学者が、世界の実業の世界で活躍した人々に関する調査をしたところ、彼らの成功は、「会社が終わってからの時間が大切だと認識しているからだ」ということが分かったという。

ミサワホーム創業者の三澤千代治は、一日二時間で一冊本を読み、勉強したという。それを重ねれば一年で三六五冊になる。

しかし、「来る日も来る日も残業で、家に帰れるのは一二時過ぎで寝るだけ。一日二時間どころか一時間さえ出てこない」という人もいるだろう。だが、「忙しい忙しい」といっている人は、時間に追いたてられ、「時間の家来」になっていることが多い。

仕事には優先順位がある。また、一日の仕事を始める前にその段取りをしておけば大幅に時間を短縮できる。たとえば無印良品を展開している良品計画は、大半の社員が夜遅くまで仕事をし、オフィスには煌々《こうこう》とライトが灯《とも》っていた。それを三、四年前、現会長の松井忠三や社長の金井政明が音頭をとって残業廃止を決め徹底したところ、不思議なくらい効率が上がり、基本的に残業しないですむようになった。複数の役員や部課長に確認しているから間違いない。

みずほホールディングスの前田晃伸は、課長時代からメモ用紙を活用している。

「現在も毎朝七時頃、社に到着すると、まず引き出しの中の一番上においてあるメモ用紙の見直しから始めます」

という。やるべき仕事をすべてメモ用紙に書き出して、優先順位の高い順に並べ、上から対応していく。

■よい習慣をつけて最良の友とする

ヤマトホールディングス社長の瀬戸薫は、「古来、詩想が浮かぶのは『鞍上《あんじょう》』『枕上《ちんじょう》』『厠上《しじょう》』といわれています。机に向かって苦吟していてもなかなかいい言葉は出てこない。考えがまとまるのは移動中の馬の上、いまなら電車の中や、寝室、トイレなどにいる時間が案外多いということです」

と指摘している。改まって机に向かわなければ勉強できないというのは、待ちの姿勢である。電車や車の中でも勉強できる。情報収集できる。そういう時間のコマ切れをつなぎ合わせるようにして、ジグソーパズルのように「教養が身についた自分」「情報通になった自分」「専門知識が身についた自分」ができ上がってくる。

みずほの前田は毎朝四時に起き、一時間ほどかけて食事をしたり新聞を読む。また、家を出るまでの時間、ラジオをつけっ放しにしている。テレビと違って耳だけを働かせていると、聴いた情報を反芻《はんすう》したり、それに刺激されて頭を働かせることができるからだ。会社に着くまでの車中での四、五〇分は考える時間に当てている。

通勤電車の中で『月山』という小説を書き、芥川賞をとった森敦《あつし》のような小説家もいる。そこまでいかなくても、本を読むことはできるし、ヘッドホンで英会話の勉強だってできる。通勤時間を避けて早出すれば、電車の中でゆったり本を読んだりできるし、会社に来てから机に向かって勉強できる。早朝は空気が澄んでいて爽快だし、静かでもある。

こういったことをノルマとして自分に課せば、最初はしんどいかもしれない。しかし、「よい習慣は最良の友である」という言葉があるではないか。ノルマが習慣になればノルマでなくなる。

教養を深め感性を磨くために本だけでなく、コンサートや展覧会、展示会、博物館、美術館などにも足を運びたい。歌舞伎や能、薪能《たきぎ》でもいいし、作陶したり絵筆を握ってもいい。足を運んだ先々で、日本遺産や世界遺産を見たり、一流の料理を食べてみるのもいい。名所旧跡を訪ねるとか。

それによって間違いなく感性が磨かれる。教養が深まる。二三年間、キヤノンＵＳＡで過ごした御手洗冨士夫は、

「本当の国際人は、自分の国の伝統や文化、行動様式をしっかり身につけていなくてはいけない」

と語っている。いまや中小企業でも海外進出が盛んになっている。取締役になれば、海外のビジネスマンと付き合う機会が出てくる。そんな時、仕事以外の会話だと話が途絶えてしまうようでは、人間に幅がないと見られかねない。エグゼクティブは、文学や歴史、趣味、スポーツなどについて「幅広い知識」を持っている。そういった会話ができずに軽蔑されたら、そういう人間を経営陣に加えている会社の格まで疑われてしまう。パーティの席で、アメリカのビジネスマンから『源氏物語』や浮世絵のことを尋ねられ、答えに窮したという話をよく聞くが、それでは無知で蒙昧《もうまい》と判断される。ビジネスに悪影響を及ぼす。国際人になるということは「無国籍人になる」ことではない。

アメリカのビジネスマンに「パリのアメリカ人」の話をしたとして、「えーっと、どこの企業のトップでしたっけ?」といわれたらどうだろう。「何だこの人は、ジョージ・ガーシュインというアメリカの作曲家のことを知らないのか」と失望するだろう。あるいは、「日本人は皆、刀を差して町を歩いているのでしょう?」と問われたらどうだろう。ウンザリし、相手に敬意を持てなくなる。

最終的には教養としての知識だけでなく、それを活かして知恵を働かせる人間にならなければならない。

チキンラーメンを開発し、即席ラーメンの文化を日本の生活シーンに定着させた日清食品創業者の安藤百福《ももふく》は、

「知識は比較的簡単に手に入るが、知恵は大きな努力と体験がないと、なかなか手に入らない」

といっている。その知恵を活発に働かせるようになることこそ、学ぶことの最大の目的である。

また、それはものごとの本質を掴むチカラをつけることにもつながる。そして、ものごとの本質を見据えながら知恵を働かせる者こそ、取締役となるのにふさわしい。

自分を極める——エピローグ

■〝経営者の新人〟として臨め

「取締役」就任の内示を受けた時の喜びはいかばかりだろう。部課長への昇進とは異なる、底の底から体を揺さぶるようにして湧き上がる深い満足感を覚えるはずだ。

幾歳月《いくとしつき》の喜びと悲しみが凝縮して、一瞬のうちに蘇《よみがえ》る。

それでも、正式な辞令を受けるまでは不安が掠《かす》める。現にそういう例を見ている。その時の本人の様子は直視できないほどだった。しかし、正式な辞令を受けホッとする。改めて喜びを噛みしめる。

内示の段階で女房にできるだけ早く伝える。電話口で夫の喜びの波に妻も連れ添う。「あなた、おめでとうございます」。あらたまっているが、あったかい声。その後、嗚咽《おえつ》がもれてくる。お前にも苦労をかけてきたなあ、と思う。

そして息子や娘たちも集まってお祝いする。一人前のことを口にしながら、時々、子供らしい表情も見せるのを見て、昔の夫婦喧嘩や親子の諍《いさか》いなどを笑顔で想い出す。子供たちは頼もしそうに自分を見ている。社内はもちろん、取締役就任を知った近所の人たちも、「おめでとうございます」とお祝いする。

しかし、そこで腰を落ちつかせてはならない。樋口廣太郎は、「取締役という肩書きだけがほしい人間は、取締役になった途端、守りに入ってしまう」と嘆いている。こういう人にとっては、取締役になることがサラリーマン人生の目標であり、その目標を達成してしまうとチカラが抜けてしまう。取締役になるためだけに全力を注いできたため、取締役の椅子に座ると気力が萎《な》える。それどころか、能力さえ萎えてしまう。

これは大学に合格することだけが目標で受験勉強に打ち込んでいると、合格できた途端、燃え尽きてしまうのに似ている。新入生を襲う五月病はよくあることだ。緊張感が急にほどけて無気力になる。

しかし、取締役には、そんな時間は許されない。経営に悪影響を及ぼす。ましてや、「燃え尽きた取締役」は不要である。

ソニーの会長を務めた盛田昭夫は、取締役を次の三つに分類している。

一、将来、社長になり得る人
二、社長にはなれなくとも、会長、社長を補佐し、経営の一翼を担える人
三、それまでの功績に報いる「論功行賞」の人

一番目と二番目は「これからが勝負」という人である。三番目のタイプはサラリーマン人生の終着点として取締役という名の勲章をもらった人である。我が国にこのタイプが多いのは由々《ゆゆ》しきことだ。アメリカなどに比べ取締役の数が多いのは、その辺の事情によるのだろう。論理や合理性よりも、情で動く日本企業の体質を物語っている。このところ、経済の低迷もあり、少数精鋭に切り替える企業も出てきた。

三番目のタイプや燃え尽き症候群の取締役は、本人にとっても不幸ではないか。

本来、取締役を目指すのは、経営者として経営に参画し、思う存分、自分の腕を振るい、サラリーマンではできなかった仕事をするためのはずである。「社会に役立つ価値」を創って提供し、その結果として「会社に貢献」することではなかったのか。

そういう意味では、「経営者の新人」である。これから「経営者の人生」が始まるのだ。これまで蓄積してきたチカラを思う存分、発揮してもらいたい。新人として謙虚に経営の一画を担い、これまで以上に「勉強」と「努力」をしなければならない。

いずれにしても視点を高く持って、「自分が社長だったらこうしたい、こうする」と常に経営の課題、テーマに向き合う。自分自身の切実な問題として、強い危機感を持ってことに当たることだ。少なくとも、一段階上の視点で対応することだ。

そうすることで取締役としてのチカラもついてくる。常務、専務、副社長、社長という出世レースからリタイアしないですむ。スタートした途端にコース上で寝転んでしまうのは愚の骨頂である。他の人の邪魔にもなる。

ゴールは社長か?

いつも高い視点を持ち、「自分が社長ならどうするか」とシミュレーションを繰り返していれば、経営に関する判断力は前以上に高まることは間違いない。実力がアップするにしたがって常務、専務、副社長と階段を登っていくことになる。

ゴールは「社長の椅子」である。社長は組織のトップである。代表取締役として会社を動かす地位に就く。男にとってもちろん、女性にとっても本懐というべきだ。さらに、その上に実権を握る会長が君臨していれば別だが、誰一人、自分に指示したり命令する者はいない。自らの判断で会社を動かすことができる。

この快感は、自分の人生を凝縮した重みと対等か、それを上回るほど大きいものであり、いったん掌中におさめると簡単には手放せないほど魅力がある、という。周りの尊敬も集中する。かしずかんばかりの人も出てくる。それだけに謙虚さが重要になってくる。態度としての謙虚さではない。「人間としての謙虚さ」である。

我が国で初めてブラジャーを生産、販売し、女性を対象にした下着メーカーとしてワコールを育てた、創業者の塚本幸一を例にあげておこう。

塚本は敗戦をビルマ（現・ミャンマー）で迎えたが、五五人いた部隊でわずか三人生き残った、そのうちの一人だった。

「その時に考えたのは、これは預かりものの人生だな、と。それでチャンスをいただいた以上、それを自分のちっぽけな私利私欲を満たすために使ってはならない。何か新しいことで世に貢献するんだ」

と、心に誓ったという。「生かされている」「生かして頂いている」という思いである。それが「感謝」の気持ちになり謙虚さにつながっている。

なにも塚本のような体験を必要としない。私たちは皆、「生んでもらい」「育ててもらい」「教えてもらい」「鍛えてもらい」、取引先やお客さまに「買ってもらって」いるではないか。

また、経営陣として重い課題に取り組めば取り組むほど、世の中の「新しい」動きに即応する必要がある。取り組む課題のレベルも「新しい」領域に入る。その新しいことへの挑戦という点では新人なのだ。そういう意味でも、新人にふさわしい謙虚さが求められる。そうでないと感性が曇ってしまう。

このようにして経営陣の中でもすぐれた能力、人間性を身につけたからといって、社長にふさわしい人物になるとは限らない。社長としての責務は、副社長や専務以下とは比べものにならないほど重いからだ。

ＪＲ東日本の会長、大塚陸毅は副社長だった頃、当時の松田昌士社長からこういわれた。

「副社長の仕事が一であるなら、社長は一〇〇だ」

トップは会社の全権を握っている。つまり、会社の責任を最終的に負うのは社長なのだ。そのプレッシャーの大きさは想像を絶する。だから、社長の座は魅力に満ちている一方で、計り知れない怖《こわ》さも秘めている。失敗すれば責任をとって辞めざるをえない。惨《みじ》めな転落者になりかねない。引きずり降ろされることもある。

社長として自分を極める

ＵＦＪ銀行頭取だった寺西正司は、頭取を打診された時、「どうしよう、今回は見送ろうか」と迷ったという。最終的には亡き父が遺《のこ》した「二つの道があったら、困難なほうを選べ」という言葉に背中を押されて決断する。

最後の最後、経営方針や戦略について決定を下すのは社長である。決断をする瞬間、そこには自分しかいない。「社長は孤独である」というが、まさにその通りである。

そういうこともあってのことだろう。仲間や友人を大切にする。日産元社長でシーマを開発し、業績（シーマ現象を起こす）を上げた久米豊は、都立新宿高校時代の同窓会に喜んで顔を出していた。肩書きを取り払って、心から座を楽しんでいた。

セブン＆アイの鈴木敏文はとかく冷たい人間と思われがちだが、実際に接すると違う。感情的な温かさより人間的な温かさが勝っている。それよりもさらに精神的な透徹さが上回る。その一方で仕事は戦いであると捉えているのか、たとえばフランチャイズ加盟を離脱したような店に対しては敵と位置づけているのだろう。シビアな対応をしてきた。加盟店を守ったり、セブン‐イレブンのイメージを傷つけないためである。

その鈴木は長野県坂城町の出身で、上田の小県蚕業《ちいさがたさんぎょう》高校（現・上田東高校）を出ているが、中・高校当時の同窓会には毎年のように出席している。

社長には子供時代に限らず、仕事に関係した友人知人も多い。また、そういう人でないと荒波を乗り切れない。損得なしで付き合える友人がどれくらいいるのか、それによってその人の生き様が見えてくる。損得なしで付き合う人には損得なしの人が集まり、損得ずくで付き合う人の周りには損得ずくの人が集まる。

いずれにしても「社長の決断」ほど勇気のいるものはない。社長室にいながら、エベレストの頂上に独りで立っているようなものだ。一般的に副社長であれば、最終決断を社長に預けることができる。他の取締役も変わらない。「こんなふうに考えましたが、いかがでしょうか」と、最後に逃げる余地がある。

しかし、社長にはそれができない。判断の結果がどうなるか分からなくても、とにかく最後の断を下さなくてはならないのだ。ハムレットのように悩んでいたら間違いなくタイミングを外す。社長の「最大の仕事」は決断である。

これほど厳しい状況はない。逃げ場のないギアナ高地やグランドキャニオンのような断崖絶壁に立って、右か左か、前か後ろか、どちらへ踏み出すかを決める。それが社長の仕事である。社長の腰には紐が括《くく》りつけられていて、その紐の先には副社長以下の役員、部課長、社員全員が結《ゆ》わえられている。社長が方向を間違えたら、全員が真っ逆さまに転落することになる。社員は責任がないのに道連れにされる。社長の質しだいでは社員だけ転落しかねない。

そんな質の低い者をトップにもってきたら最悪だ。

社長は他の取締役以上の判断力、決断力、行動力、責任感、そして精神的なプレッシャーに耐えるタフさが求められる。

そのため、専務や副社長として有能であっても、社長を務められるという保障はない。だから、筆頭副社長を抜いて末席の副社長が社長に抜擢される、といったケースが誕生するのだ。それどころか、一〇人抜きといった大抜擢も生じる。

取締役になるにしろ、社長を目指すにしろ、小手先の自己改造などしないほうがいい。仕事でいえば誰にも負けない専門性を身につけ、一方でゼネラリストとしての能力も身につけていく。そして何より人間性を深いところから高め、一方で幅広くバランスのとれた大きな器量を身につけることだ。

そのためには、時代の先を見据えたビジョンを掲げ、新しい時代にふさわしい能力や人物、仕組みが表舞台に躍り出られるよう手を貸し、自分もその当事者になることだ。

経営能力を磨いて、社長として、次の時代につながる可能性を最大まで押し開くチカラをつけていかなくてはならない。

ユニクロを展開するファーストリテイリングの柳井正が、いったん社長の座を若い専務に委譲し、その社長が結構頑張っていたにもかかわらず、会長から社長の座に戻ったのは、その可能性を十二分に展開していないと判断したためである。実際に柳井が社長に戻ってから、ヒートテック、ブラトップなど次々に大ヒットを飛ばし、ニューヨークでの大店舗出店など海外進出も大きく伸ばしている。

それはすなわち、自分の可能性を極めるということにほかならない。社長になるということは、出世レースのゴールを切ったということだけではない。その地位を活かして、会社を通して、自分の人間としての可能性を極限まで極めるということである。眼前の可能性をさらに押し開き、もっと押し開いて自分を極めていく。

実業の世界で、人間として社長ほどシビアな状況におかれる者はいないが、これほど自分を極めることのできる場を与えられた者もいない。それが社長の椅子に座る者の宿命だ。

ミッキー・マウスの生みの親でディズニーランドを創設したウォルト・ディズニーは、次のようにいっている。

「それを夢見ることができるならば、あなたはそれを実現する」(If you can dream it, you can do it)

(文中の敬称は略させていただきました。また、役職等は二〇〇九年一二月時点のものです)

〈主な参考文献〉

『宮崎輝の取締役はこう勉強せよ！』(宮崎輝・中経出版)
『経営の勉強はこうするんだ！』(中経出版編集部編・中経出版)
『はっきり言う　こんな幹部はやめてくれ！』(二見道夫・中経出版)
『こんな幹部は辞表を書け』(畠山芳雄・日本能率協会)
『重役の素顔　重役の条件』(新井喜美夫・講談社)
『乱の帝王学』(守屋洋・PHP研究所)
『人はいかにして成長するのか』(海藤守・PHP研究所)
『三澤千代治の情断大敵』(三澤千代治・KKベストセラーズ)
『経営者人間学』(野田正彰・ダイヤモンド社)
『男の器量』(童門冬二・三笠書房)
『頭をよくする私の方法』(竹内均・三笠書房)
『日経産業新聞／私の役員起用法』(日本経済新聞社)
『司馬遼太郎全集』(文藝春秋社)
『本田宗一郎　おもしろいからやる』(ききて・田川五郎・読売新聞社)
『司馬遼太郎全講演1～5』(朝日文庫)
『DIME』(小学館)
『Voice』(PHP研究所)
『プレジデント』(プレジデント社)
『BOSS』(経営塾)
『WILL』(ワック)
『THEMIS』(テーミス)
『週刊朝日』(朝日新聞社)
『文藝春秋』(文藝春秋社))
『宝島』(宝島社)
『日経ベンチャー』(日経BP社)
『日経ビジネスアソシエ』(日経BP社)
『致知』(致知出版社)
『いきいき』(いきいき)
『今、若者たちへ　次世代に贈るメッセージ』(日本経済新聞広告企画、2008年9月24日～09年10月6日)
『今、若者たちへ　君に伝えたい私の経験』(日本経済新聞広告企画、2007年9月30日～08年5月29日)

その他、インターネットでの名言サイトなど多くの資料を参考にさせていただきました。

国友　隆一（くにとも・りゅういち）

1965年、中央大学法学部卒業。専門紙記者等を経験し、1990年、㈱ベストサービス研究センターを設立。執筆・講演・コンサルティングなどで活躍。公開セミナーも主催している。京都大学大学院非常勤講師を経て、今日に至る。「努力は義務ではない。より魅力的な人間に成長するための権利である」がモットー。
主な著者に『セブン-イレブン流心理学』（三笠書房）、『コンビニが流通を変える！』（ダイヤモンド社）、『大きな仕事ができる人、できない人』（PHP研究所）などがあり、110冊を超える。

リュウ・ブックス
アステ新書

［新版］
取締役になれる人 部課長で終わる人 2

2010年2月5日　初版第1刷発行

著　者　国友隆一
発行人　佐藤有美
編集人　渡部　周
発行所　株式会社経済界
〒105-0001 東京都港区虎ノ門1-17-1
出版局　出版編集部☎03（3503）1213
出版営業部☎03（3503）1212
振　替00130-8-160266
http://www.keizaikai.co.jp/

装幀　岡孝治
表紙装画　門坂流

組版　㈲後楽舎
印刷　㈱光邦

ISBN978-4-7667-1084-7